André Stern, der mit seinem Buch … *und ich war nie in der Schule* einen Bestseller landete und seither auf Veranstaltungen Säle füllt, hat ein fesselndes Plädoyer für bedingungsloses Vertrauen in die natürliche Entwicklung unserer Kinder verfasst. Er legt dabei den Finger in die Wunde einer Leistungsgesellschaft, deren Maxime Optimierung ist. Kinder werden zu Hause, im Kindergarten und in der Schule immerzu korrigiert und ständig dazu angeleitet, bestmögliche Ergebnisse zu erzielen. Konkurrenz, Erwartungshaltungen, Erziehungssysteme und Normierungen setzen Kinder und Eltern unter ungeheuren Druck, der längst seine Opfer fordert. In diesem Umfeld wird das Spiel zur »Pausenbeschäftigung« degradiert und das Kind bleibt in seinen natürlichen Fähigkeiten unverstanden und seiner Entwicklungsmöglichkeiten beraubt. Statt Leistungsoptimierung und Konkurrenzdenken setzt André Stern auf die individuelle Entwicklung und das eigene Tempo des Kindes. So schreibt er: »Das Spiel ist für das Kind die direkte Art, sich mit dem Alltag, mit sich und mit der Welt zu verbinden. Für Kinder ist das freie Spiel ein Bedürfnis. Eine Veranlagung, ein Hang, oft ein Drang. Es ist für das Kind eine tiefe Erfüllung.«

André Stern, 1971 in Paris geboren, ist Musiker, Komponist, Gitarrenbaumeister, Journalist und Autor des Bestsellers … *und ich war nie in der Schule* (2009). Als Freibildungsexperte ist er ein gefragter Referent, der sich international an der Seite von zukunftsorientierten Akteuren der Bildungslandschaft stark engagiert.

insel taschenbuch 4807

André Stern

Spielen, um zu fühlen, zu lernen und zu leben

Klimaneutral
Druckprodukt
ClimatePartner.com/14438-2110-1001

2. Auflage 2024

Erste Auflage 2020
insel taschenbuch 4807

Insel Verlag Berlin 2020

Vertrieb durch den Suhrkamp Taschenbuch Verlag
Umschlagabbildung: André Stern

Gestaltung: Kuni Taguchi
Druck: Pustet, Regensburg
Printed in Germany
ISBN 978-3-458-68107-6

www.insel-verlag.de

André Stern

Spielen, um zu fühlen, zu lernen und zu leben

Unter Mitarbeit von
Dr. Petra Thorbrietz

Mit Beiträgen von

Prof. Dr. Gerald Hüther
Sabine Kriechbaum
Teresa Meckel
Sir Ken Robinson
Katharina Saalfrank
Thomas Sattelberger
Arno Stern
Erwin Wagenhofer

Insel Verlag

»Das Spiel ist die höchste Form der Forschung.«

Albert Einstein

Für Craloud und Founaï

INHALT

»Wir erwarten von Anfang an von Kindern, dass sie Fortschritte machen und somit den Blick auf das Werden richten. Dabei vergessen wir und sie, den Blick auf das Sein zu behalten.«

BETRACHTUNGEN VON EINEM, DER NIE AUFGEHÖRT HAT ZU SPIELEN

Warum kann niemand die Frage beantworten, was passieren würde, wenn man ein Kind nicht nur einen Tag, sondern ununterbrochen spielen lassen würde? Ich kann diese Frage beantworten und stelle somit eine Ausnahme dar, obwohl ich ein ganz gewöhnliches Kind bin: Jedes Kind, das man ungestört und ununterbrochen spielen lassen würde, hätte ähnliche Geschichten zu erzählen. Das, was mir passiert ist, ist das, was jedem Kind passieren würde, wenn wir unsere Haltung der Kindheit gegenüber verändern würden. Und nicht mehr von einer Idee, einer Methode, einer Erwartung, einem Konzept, sprich: vom Erwachsenen ausgehen würden, sondern vom Kind und seinen angeborenen Veranlagungen.

Was ist das Erste, was ein Kind tut, sobald man es in Ruhe lässt? Es spielt. Das wissen wir, ohne über die Antwort nachdenken zu müssen.
Und wenn man das Kind dabei nicht unterbräche, würde es …
… immer spielen!

Warum also unterbrechen wir das spielende Kind immer wieder?

1.
»DU SPIELST JA NUR!«

Eine Mutter gibt ihrem Kind die Flasche. Sie tut das routiniert und sicher. Irgendwann bleibt noch etwas Milch in der Flasche, aber anstatt zu trinken, beginnt das Kind, mit dem Schnuller zu spielen. Die Mutter will das Kind überzeugen, weiterzutrinken, aber es will definitiv nur spielen. »Du spielst ja nur und trinkst nicht!«, ruft sie entnervt – und stellt die Flasche weg.

Ist Spielen ein weniger wichtiges Bedürfnis als Trinken? Verdient es keine Achtung? Darf man Spielen respektlos stoppen? Wie konnte Spielen so degradiert werden, dass die meisten Menschen sich legitimiert fühlen, es anderen als wichtiger eingestuften Beschäftigungen zu opfern? Wie konnte es dazu kommen, dass Spielen ernsten Beschäftigungen entgegengesetzt wird?

Wer hat nicht schon einen solchen Satz gehört: »Nach dem Spielen machst du dich aber ans Lernen, ja?« Wir haben kein Vertrauen, wir denken, das Spielen genüge nicht. Das Kind aber erlebt es als widersprüchliche Weisung, wenn es eines Morgens aufgefordert wird, mit dem Spielen aufzuhören und mit dem Lernen zu beginnen – als würde ich Sie auffordern, zu atmen, ohne Luft zu holen. Man muss das Spiel ernst nehmen, denn es gibt nichts Besseres, um zu lernen.

Für Kinder sind Spielen und Lernen untrennbare Begriffe. Es sind für sie Synonyme.

Beobachten Sie die unglaubliche Ernsthaftigkeit des Kindes beim freien Spielen! Seine Ausdauer, seine unendliche Konzentrationsfähigkeit, seine Fähigkeit, über seine eigenen Grenzen hinauszuwachsen. Das alles hat es aber bei auferlegten Tätigkeiten nicht.

Lernen und Spielen waren bei mir auf das Engste miteinander verbunden.

»Der Unterricht ist ja nicht die einzige Aufgabe der Schule: Sie ist vor allem der Ort, an dem man lernt, in der Gesellschaft zu leben, der Ort, wo man die soziale Kompetenz erwirbt, die unabdingbar ist für das Zusammenleben mit anderen.« Solche oder ähnliche Sätze beruhen auf einem für mich unfassbaren Irrtum: Man geht von der Voraussetzung aus, dass Kinder asozial auf die Welt kommen und erst durch die richtige Erziehung die Sozialisierung erlernen. Ich habe an mir selbst erlebt und an anderen beobachtet, dass es genau umgekehrt ist.

Spielen und Lernen bilden eine untrennbare Einheit, und es ist mir unverständlich, dass man einen Antagonismus zwischen dem als seriös eingestuften, vorrangigen Lernen und dem missachteten, zur Pausenbeschäftigung entwerteten Spiel schaffen und aufrechterhalten konnte!

Bei allen Beispielen aus meiner Kindheit, an die ich mich erinnern kann, hat sich die Frage nach einer Trennung zwischen Lernen und Spielen nie gestellt. Beides war miteinander auf das Engste verbunden.

Es war ein großes Ereignis, als Papa und Mama mir den Lego-Motor kauften, den ich mir seit Monaten wünschte – aber nicht anschaffen konnte, weil er für uns viel zu teuer war. 107 Francs, da sehe ich das Preisschild immer noch vor mir stehen wie ein lang zu erklimmender Hang. Ich war damals vielleicht sieben. Die kreuzförmige, schnell drehende Achse bedeutete den Beginn einer neuen Ära, in der meine

Lego-Technic-Modelle dem statischen Stadium entwuchsen. Ein Faltblatt mit den wesentlichen Informationen erklärte, wie man anhand des Durchmessers der Scheibe oder der Anzahl an Zähnen des Zahnrads die entsprechende Über- oder Untersetzung berechnen konnte. Die angegebene Drehzahl des Motors pro Minute ließ mich die theoretische Geschwindigkeit eines sehr leichten Autos kalkulieren, das ich zu diesem Zweck gebaut hatte (Chassis aus Lego, Karosserie aus Karton). Dazu musste ich berechnen, welche Strecke ein Rad mit einer Umdrehung zurücklegte.

Ich recherchierte mithilfe Mamas Enzyklopädie und entdeckte die Kreiszahl Pi. Aber ich hatte das Bedürfnis, die mathematische Konstante in der Praxis zu überprüfen, deshalb maß ich den Umfang mit einem Papierband, das ich um das Rad legte. Nachdem ich mich von der Richtigkeit der Formel überzeugt hatte, verwendete ich Pi in meinen Berechnungen. Mithilfe der Kreiszahl war es nun einfach: Um die Geschwindigkeit in Stundenkilometern zu erhalten, multiplizierte ich die zurückgelegte Strecke des Rads mit der Anzahl der Umdrehungen pro Minute und dann mit 60.

KÖNNEN SIE DA SPIELEN VON LERNEN UNTERSCHEIDEN?

Mit vierzehn begann ich, mich in das Gitarrenspiel zu vertiefen. Manche Flamencostücke konnte mir mein Vater, der Musik weder spielen noch schreiben kann, in aller Genauigkeit diktieren. Dieses Spiel beschäftigte uns allabendlich. Er sang mir eine Note vor. Ich suchte sie auf dem Griffbrett meiner Gitarre. Am Anfang gelang es mir erst nach unzähligen Versuchen: Ich schlug einen Ton an, Papa schüttelte den Kopf und wiederholte die Note. Ich spielte erneut etwas, bis er nickte und anschließend den nächsten Ton der Melodie vorsang. Schritt für Schritt stellten wir die Melodie wieder her.

Manche Noten kann man auf der Gitarre auf verschiedene Weise anschlagen. Oft bemerkte ich bei einer Note, dass es sinnvoller war, die vorhergehende an einem anderen Ort zu spielen, weil sich das leichter greifen ließ. Mir fiel ebenfalls auf, dass mehrere Noten zusammen einen Akkord bilden. Im Laufe dieser allmählichen Rekonstruktion von Musik wurde mir klar, dass ein ganzes Stück oft im Rahmen weniger Akkorde gespielt werden konnte. Ganz wichtige Punkte der Harmonie wurden mir auf diese Weise in der spielerischen Praxis vertraut, lange bevor ich der Theorie begegnete.

Als ich mich für die Notenschrift zu interessieren begann – ich wollte Komponist werden –, erfand ich ein Spiel: Ich schrieb die Noten dreier vollständiger Tonleitern auf Kärtchen, mischte diese gut durch, zog die Karten und trug die darauf stehende Note dann in ein sorgfältig gezeichnetes Liniensystem ein. Das war wie ein Gesellschaftsspiel, einmal mit einer G-Dur-Tonleiter, einmal mit einer F-Dur-Tonleiter. Ich bemühte mich, immer schneller zu werden.

War das Spiel? Oder Arbeit? Oder Lernen? Dass ich diese Begriffe heute noch nicht trennen kann, zeigt, dass ich das nie tun musste.

Ich war nie in der Schule, das ermöglicht mir einen anderen Blickwinkel. Mir fällt umso mehr auf, welche Gewohnheiten aus der Schule unsere Kultur prägen. So wirst du, wenn du etwas weißt, immer wieder gefragt: »Wo hast du das studiert?« Man setzt voraus, dass nur die Schule, nur die Universität Wissen schaffen können. Eine Qualifikation, die sich an Institutionen misst, zählt mehr als die tatsächliche Kompetenz.

Statt also wahrzunehmen, wie viele neue, unerwartete Dinge das Kind täglich begreift, statt ehrfürchtig dieser unaufhaltsamen, exponentiellen, umwerfenden Entwicklung beizuwohnen, behandeln Erwachsene Kinder als unfähige Wesen, die man fördern und motivieren müsse. Und so übt sich jeder als Lehrer und findet es auch nie zu früh, mit dem Unterricht anzufangen. Jedes Mal, wenn das Kind etwas Neues erreicht (es ist eine Sekunde lang gestanden, es hat gelächelt, es hat den Deckel auf die Flasche gelegt), rufen die Eltern mit lyrischer Begeisterung: »Bravooo!! Das hast du gut gemacht!« Jeder ist stolz, den anderen zu zeigen, wie gut er das eigene Kind fördert. Eltern wetteifern sogar untereinander. Solches Lob aber stammt aus der Welt der guten und schlechten Noten und des ewigen Leistungsvergleichs.

Wie oft hören wir jemanden bedauern: »Ich bin nicht gut in dieser oder jener Materie.« Diesen Menschen und all denjenigen, die sich als Versager fühlen – in Rechtschreibung, Mathematik, Fremdsprachen –, möchte ich sagen: Nicht ihr habt versagt, sondern das System, welches euch Aufgaben in einer Weise und einer Menge auferlegt hat, die eurem Begeisterungspotenzial nicht entsprachen! Die gegenwärtige Kultur belässt die Menschen im Zweifel an ihren eigenen Fähigkeiten. Kurioserweise stellt man nicht die Institution infrage, sondern das Kind – und prägt damit sein ganzes Leben, seine Einstellungen, seinen Status, sein Selbstvertrauen, seinen Mut zur Kreativität.

In der Schule von Konkurrenz und ständigem Vergleich macht das Kind die Erfahrung des Gegeneinanders statt des Miteinanders. Das ist keine positive Sozialisierung. Für ein Kind, das selbstbestimmt spielen und lernen darf, ist Leistungsdruck hingegen unverständlich, denn es wächst in der Erfahrung auf, allem Neuen in einem Zustand der Begeisterung zu begegnen.

Wir haben die Synonyme Spielen und Lernen nicht nur getrennt, sondern an entgegengesetzten Enden der Ernsthaftigkeitsskala positioniert.

Die Neurobiologie hat nachgewiesen, dass nachhaltiges Lernen voraussetzt, dass unsere emotionalen Zentren aktiviert sind. Das unbeeinflusste Kind begegnet nur Dingen, die das tun, da sie alle mit einem übergeordneten Interesse verbunden sind. Der Stoff, den es in diesem Zustand der aktivierten emotionalen Zentren sammelt, wird unverzüglich und nachhaltig gespeichert. Spielen ist Emotion – repetieren, üben, sich anstrengen ist überflüssig. Wir erleben es ja selber jedes Mal, wenn wir uns begeistern, also wissen wir es bestens. Vieles von dem, was wir einmal lernen mussten, vergessen wir wieder – 80 Prozent sollen es sein. Es hat uns nicht berührt, wir konnten es uns nicht zu eigen machen – es wurde stattdessen von außen eingetrichtert. Unsere emotionalen Zentren blieben unberührt, deshalb hat es sich in unserem Langzeitgedächtnis nicht festgesetzt.

Wir aber haben die Synonyme Spielen und Lernen nicht nur getrennt, wir haben sie sogar an entgegengesetzten Enden der Ernsthaftigkeitsskala positioniert: Lernen am einen Ende, Spielen am anderen – zur Freizeitbeschäftigung degradiert.

Das Spiel abzubrechen, um in die Schule zu gehen – für ein Kind ist das schmerzhaft. Erinnern Sie sich daran, wie sehr Sie früher im Spiel bei sich selbst waren, im Kopf und im Herzen, dann werden Sie verstehen, wie absurd dieser Vorgang ist. Ein Kind aber stellt die Erwachsenen nicht infrage, es denkt nicht, jene hätten ein Problem; vielmehr sucht es dieses bei sich selbst. Wenn das Kind im Namen des Lernens sein Spiel aufgeben soll, obwohl ihm sein ganzes Wesen das Signal gibt, dass die Welt in Ordnung wäre, wenn es weiterspielte, dann entwickelt es das Gefühl, es sei selbst nicht in Ordnung. Dann werden in seinem Gehirn dieselben Netzwerke aktiviert wie bei körperlichen Schmerzen. Das macht das Lernen, wie es in unserer Gesellschaft praktiziert wird, zu einem getrennten, schmerzlichen Begriff.

Ein Kind macht keinen Unterschied zwischen Leben, Lernen und Spielen. Es ist für das Kind eine organische Einheit. Für das Kind ist die Welt in Ordnung, wenn es spielt. Es fühlt sich als Teil dieser Welt. Es fühlt, dass seine angeborene Neigung, immer und überall zu spielen, sinnvoll und ernst ist. Alle Kinder spielen, unabhängig der Bedingungen, die sie umgeben. Ob Krieg, Armut, Hunger, Überfluss – Kinder spielen, sobald sie die Möglichkeit dazu ergreifen können.

2. AM ANFANG WAR DAS SPIEL

Antonin, mein Sohn, hat kürzlich den Begriff »Beruf« verstanden. Er fragt alle, was sie von Beruf sind. Und gestern fragte jemand zurück, was denn sein Beruf sei. Er antwortete ohne zu zögern: »Mein Metier ist es, zu spielen.«

Was ist Spielen? Der britische Visionär und Entwicklungsexperte Ken Robinson beschreibt das Denken von Kindern als eigenständig, als »unangepasst« (»divergent thinking«). Ich möchte es so sagen: Es ist ihrem Zweck angepasst – denn ihr Lebenszweck ist es, zu spielen.

Spielen ist die einzige Schnittstelle zwischen der imaginativen Welt und dem realen Leben. Kinder sind fähig, Gegenständen ein völlig anderes Wesen als das gewohnte zuzuschreiben und sie damit zu Subjekten ihres Spiels zu machen – weil ihnen eine Ähnlichkeit mit einem Element der »realen« Welt auffällt, eine Form, eine Farbe oder ein Geräusch sie sofort inspiriert. »Du hast aber Fantasie ...«, sagen dann die Erwachsenen lächelnd und etwas herablassend, und sie diskreditieren damit die Sicht des Kindes auf die Welt wie auch das Kind selbst.

Da gibt es aber nichts zu lächeln! Das andere Denken des Kindes ist eine einzigartige und im späteren Leben enorm wichtige Fähigkeit, auf eigene Fragen zahlreiche Antworten aus erster Hand zu finden. Kinder passen sich der Welt nicht nur an, sondern sie gestalten sie nach ihrem Maß! Diese gegenseitige Anpassung und Gestaltung gibt ihnen die Möglichkeit, ganz selbstverständlich die Salutogenese zu leben.

Wir sind über die Pathogenese – wie wir krank werden – gut informiert. Erstaunlicherweise ist uns die Salutogenes – wie wir gesund werden oder bleiben – oft viel weniger bekannt. Dabei handelt es sich um unsere Fähigkeit, uns körperlich und seelisch zu »reparieren« ... Um der eigenen Plastizität Raum zu geben, müssen alle drei »Säulen« der Salutogenese vorhanden sein, wie sie der US-amerikanische Arzt Aaron Antonovsky in den Siebzigerjahren identifiziert hat. Sie sind auch die Basis des Spielens und der eigenen Gedankenwelt:

1. Verstehbarkeit deiner Welt in deinen eigenen Augen
2. Gestaltbarkeit deiner Welt in deinen eigenen Augen
3. Sinnhaftigkeit deiner Welt in deinen eigenen Augen

Ich bin immer wieder erschrocken, wenn ich feststelle, wie viele Jugendliche heute sagen: »Ich verstehe die Welt nicht. Egal, was ich mache, es ändert sich nichts. Es ist sowieso alles sinnlos ...«

Wenn Kinder spielen, leben sie ihr »divergent thinking« aus. Wenn sie dabei ungestört bleiben, verlieren sie ihre bewertungsfreie Überzeugung nicht, dass sie gerade die richtige Person am richtigen Ort zur richtigen Zeit sind. Ihre Welt ist dabei verstehbar, gestaltbar und sinnhaft.

Eine bessere Ausgangslage kann es nicht geben, das sollte uns bewusst werden!

Mein Sohn Antonin hat eine leere Flasche und eine Glasbüchse gefunden. In ihrer Form haben sie ihn an etwas erinnert, das ihn sehr beschäftigt. Die Flasche hat ziemlich genau die Form eines Apollo-Raumschiffs, mit dem konischen Modul der Kommandozentrale und dem Zylinder des Service-Moduls. Die Büchse ähnelt für ihn dem Landungsschiff von den Apollo-Missionen. Er hat sehr lange mit diesen Dingen gespielt. Er führte die beiden Vehikel sehr vorsichtig zueinander und ließ sie behutsam andocken. Das Rendezvous im All ist zum Teil seiner Welt geworden.

Das andere Denken des Kindes ist, erklärt Ken Robinson, ein direkter Weg zur Kreativität: »Es verleiht die Gabe, auf eine Frage viele mögliche

Antworten zu finden, auch viele unterschiedliche Interpretationen der Frage an sich ... nicht zu linear zu denken ... Wenn man Menschen fragt, wie viele Anwendungen ihnen zu einer Büroklammer einfallen, dann kommen sie im Schnitt auf ein Dutzend. Andere, die gut im unangepassten Denken sind, bringen 200 Antworten.«

Ken Robinson beschreibt auch, dass bei Tests für unangepasstes Denken Kinder im Kindergartenalter mit 98 Prozent abschneiden. Wenige Jahre später fällt dieser Wert auf 32 Prozent, im Alter zwischen dreizehn und fünfzehn liegt er nur noch bei zehn Prozent, Erwachsene schaffen nur noch zwei Prozent. Das zeigt zwei interessante Dinge, erklärt er: »Wir haben alle diese Fähigkeit. Und sie verliert sich meistens. Diese Kinder haben bis zum erwachsenen Alter viel Verschiedenartiges erlebt, aber eines haben sie gemeinsam: Sie wurden alle unterrichtet. Sie haben zehn Jahre erfahren, dass es nur eine Antwort gibt, dass sie diese auswendig kennen müssen und dass Nachahmen und Kopieren verboten sind.«

Spielen ist die Welt, in der wir nachahmen und kopieren dürfen. Es gibt uns die Sicherheit der Simulation, es ermöglicht uns, Dinge wiederholt zu erleben, die sonst gefährlich oder unmöglich wären. Es ist sehr ähnlich dem, was ein Flugzeugpilot in seinem Simulator tut. Er übt, Lösungen zu finden.

Wenn ich vom Spiel spreche, meine ich das freie Spiel, das dem eigenen Denken des Kindes entspricht. Andere Spiele sind »ernste« Spiele, die auch Erwachsenen erlaubt sind. Dazu gehören Schach, Poker, Tennis, Fußball oder Klavier. Und dann gibt es noch Spiele zum Zeitvertreib, zur Entspannung, Ablenkung oder zur Befriedigung – wie Computerspiele, Puzzles, Kreuzworträtsel, Sudoku etc.

Das (ungestörte) Kind spielt ebenfalls die Spiele von Erwachsenen, aber auf seine Weise: Es spielt, dass es spielt. Es spielt, Klavier zu spielen – auch ohne Klavier. Es spielt, Schachspieler zu sein – es spielt nicht Schach.

Das Kind kann sich sehr wohl für das regelhafte Spielen dieser Spiele interessieren, sich diese aneignen und sich vertiefen und darin auch äußerst geschickt werden. Aber dann ist das Kind in diesen Spielen in einer sehr persönlichen Haltung, denn der Zugang war intrinsisch, entstand aus eigener Motivation.

Bei den Erwachsenen-Spielen geht es eigentlich immer darum, zu gewinnen. Man spielt, um zu siegen – und ist unglücklich, wenn man verloren hat. Beim freien kindlichen Spiel geht es nie darum, »zu gewinnen«. Man spielt nicht gegeneinander, sondern miteinander. Oder man spielt mit sich und der Welt.

Eine weitere deutliche Unterscheidung besteht darin, dass Erwachsene durch das Spiel häufig versuchen, Abstand von ihrem Alltag zu nehmen. Das ist genau das Gegenteil dessen, was das Spiel für das Kind ist: Es ist die direkte Art, sich mit dem Alltag, mit sich und mit der Welt zu verbinden. Für Kinder ist das freie Spiel ein Bedürfnis. Eine Veranlagung, ein Hang, oft ein Drang. Es ist für das Kind eine tiefe Erfüllung. Es macht aber nicht immer »Spaß«, wie wir von manchen Spielen erwarten, denn es bedeutet für das Kind oft viel Anstrengung und ein Über-sich-Hinauswachsen – und gehört damit in eine ganz andere Kategorie.

ANTONIN SPIELT, ER SPIELE GEIGE

Antonin hat eine Geige geschenkt bekommen. Er nimmt sie und spielt.

Das heißt: Er spielt nicht auf der Geige – er spielt, er spiele Geige.

Dann spielt er, mit der Geige Musik zu spielen.

Jetzt fängt er an, den Tönen sehr intensiv zu lauschen. Er sitzt im Schneidersitz, sehr in sich gekehrt, und spielt nun nicht mehr mit der Geige, sondern mit den Tönen der Geige.

Man könnte sich Sorgen machen.

Er hält den Bogen nicht richtig.

Man könnte eingreifen. Sich denken: Wenn er das nicht von Anfang an richtig tut, werden sich »schlechte Gewohnheiten« verfestigen.

Doch er ist das Gegenteil von blind. Er beobachtet seit Langem schon Geigerinnen und Geiger und hat alle Abläufe verinnerlicht.

Es erging mir mit der Gitarre nicht anders, deshalb habe ich dieses Vertrauen. Ich weiß, dass jeder Eingriff das Spiel mit dem Instrument in Arbeit verwandelt – und das wäre das Ende des Paradieses.

Ein paar Tage danach, ohne jede Vorankündigung, hält er den Bogen »richtig«. Seine Haltung ist zu 100 Prozent korrekt und zeigt keine Spur von Anstrengung.

Und ja, das passiert bei jedem Kind – denn jedes Kind ist hochbegabt.

Teresa Meckel
Erwachsenenschritte oder Siebenmeilenschritte?

Didaktik upside-down – dieser Gedanke taucht sofort auf, wenn ich die Herangehensweise Antonins beobachte, und plötzlich erscheint mir jeder konventionelle Unterricht geradezu absurd. Und das, obwohl ich vor ausgeklügelter Didaktik eigentlich einen großen Respekt habe und große Freude an der Vermittlung von Wissen, Fertigkeiten und Werten empfinde. Auch habe ich selbst schon stundenlang an Konzepten für Unterrichtsstunden getüftelt, damit diese auf eine Art »amputierte Lebenszeit« eine große Chance auf Fluss und Lebendigkeit hat.

Ich bin Geigerin, und seit einigen Jahren unterrichte ich Kinder in einer Musikschule.

Eine gute Unterrichtsstunde, wenn sie mit Empathie, Geduld und Liebe zum menschlichen Wesen gestaltet wird, kann man vielleicht vergleichen mit einem gelungenen Kunstwerk. Im Bereich der Didaktik hat sich da in den letzten Jahrzehnten unheimlich viel Positives entwickelt.

Die Frage ist für mich trotzdem: Welchen Wert hat jeder noch so durchdachte Schritt-für-Schritt-Plan, wenn er in einem Feld der Angst, das heißt mithilfe von Konditionierung über ein Bestrafungs- beziehungsweise Belohnungssystem vermittelt wird? Und was, wenn einem Kind ein Siebenmeilenschritt plötzlich mehr Spaß macht als ein langweiliger, vorgekauter Erwachsenenschritt?

Faszinierend, wie bei Antonin der für ihn maßgeschneiderte »Unterrichtsplan« ganz von allein entsteht. Dem Spiel selbst scheint eine ureigene Didaktik innezuwohnen. Eine, die sich immer nur frisch, aus dem gegenwärtigen Moment heraus entwickelt.

Teresa Meckel,
geboren 1977 in Wien, Beginn der musikalischen Ausbildung mit 7 Jahren. Konzertfachstudium Violine sowie Studium der elementaren Musikpädagogik an der Musikhochschule Wien. Musikalische Schwerpunkte im Bereich Wiener Klassik, alte Musik und Folk. Konzerttätigkeit im In- und Ausland sowie Unterrichtstätigkeit an der Musikschule Deutsch-Wagram.

Spielen bedeutet auch, sich etwas anzueignen – es ist unser intellektuelles Verdauungssystem. Sobald ein Kind etwas Neues erfahren hat, spielt es dies sofort, um es sich zu eigen zu machen, um es vom Konzept zum Fassbaren übergehen zu lassen. So, als würden wir eine Orange und eine Lampe nehmen, um haptisch und vor unseren Augen das umzusetzen, was wir gerade über die Mondphasen gelesen haben.

Ich konnte immer erst dann etwas wirklich verstehen, nachdem ich es gespielt hatte.

Mein Großvater hatte mir erklärt, wie ein Getriebe funktioniert. Ich hatte darüber gelesen und Bilder angeschaut. Aber mich ließ das Thema nicht los, bis ich mir aus Lego Technic ein solches zusammenbauen konnte. Dann schloss ich einen Motor an und fügte ein Fahrgestell hinzu. Die Räder aber hob ich so weit an, dass sie sich in den verschiedenen Geschwindigkeiten drehen konnten, ohne dass das Auto sich bewegte. Stundenlang spielte ich mit meinem Getriebe, die Gänge hoch- und runterschaltend, bis ich jedes einzelne dieser Umsetzungsgesetze verinnerlicht hatte – ohne dabei je mit dem Spielen aufzuhören.

Aber es blieb nicht dabei. Weil ich damit so beschäftigt war, sah ich, dass ich mit ein paar Umbauten zwei Kardanwellen (die waren eine Errungenschaft!) montieren und eine Zahnstangenlenkung einbauen konnte. Mit einer dritten Kardanwelle konnte ich ein Lenkrad einrichten und eine Art Armaturenbrett mit Lenkrad und Schalthebel konstruieren, und entwickelte das Ganze daraufhin mit einer Federung. Viele Teile fehlten, ich musste unzählige Umwege erfinden, Holz und Karton einsetzen, aber es funktionierte. Aus einem kaputten Miniradio, das Papa aus Hongkong mitgebracht hatte, operierte ich den kleinen Lautsprecher heraus. Ich konnte ihn in mein Armaturenbrett einbauen und verband verschiedene Kabel, damit er an unser altes Tonbandgerät angeschlossen war. Somit war es mir ermöglicht, beim Fahren durch das improvisierte Autoradio Musik zu hören – ich hatte nur eine Kassette mit Musik, von unserem Freund, dem Pianisten Jacques Greys.

Antonin spielt alles, was er entdeckt. Jedes Mal, wenn er eine neue Maschine kennenlernt, macht er davon eine Gebrauchsanweisung. Er zeichnet und schreibt manches Mal zwei, drei Stunden lang auf mehrere Blätter.

So ging es mir mit allem, was neu war, und so ergeht es jedem Kind. Die Wiederholung ist unentbehrlicher Teil dieser Verinnerlichung durch das Spiel.

Wenn man keine schlechte Erfahrung mit dem Neuen gemacht hat, erfreut man sich des Neuen. Erst wenn wir erfahren, dass das Neue die Gefahr beinhaltet, abgeprüft zu werden, bevor wir es verstanden und verinnerlicht haben, beginnen wir, uns davor zu fürchten.

SPIELEN, UM ABLÄUFE ZU VERSTEHEN

Als Antonin dreieinhalb Jahre alt war, liebte er alles, was einen Motor besaß und laut war. Als wir das Gras vor dem Haus mähten, lenkte er den großen Rasenmäher mit mir zusammen. Die Lenkstange war für ihn noch etwas hoch, sie schüttelte und rüttelte seine kleinen Arme durch, aber er wollte sie um keinen Preis aus der Hand geben. Er war tief konzentriert und sehr ernst bei der Sache. An dieser wichtigen und schwierigen Aufgabe, die er sich spielerisch und begeistert selbst wählte, wuchs er aus einem inneren Impuls heraus über sich selbst hinaus.

Dann aber stellte sich heraus, dass die Maschine eine Getriebepanne hatte. Wir kippten sie auf die Seite. Antonins Oma fragte, ob sie helfen könne. »Ja«, sagte ich, »bring mir doch den schwarzen Schraubenzieher. Ich halte die kleine Feder so lange fest!« Später holte ich ein Stück Kabel, um die kleine Feder durch das Loch zu ziehen, wo sie hineingehörte. Den dazu passenden Haken vertraute ich Antonin an, damit er ihn mir reichte, wenn die Feder gespannt war.

Danach lief der Rasenmäher wieder flott.

Am nächsten Tag spielte Antonin draußen mit seinem kleinen Traktor. »Ich muss reparieren«, sagte er ernst und kippte sein Fahrzeug auf die Seite. Kurze Zeit später rief er laut: »Bring mir doch den schwarzen Schraubenzieher!« Ich brachte ihm ein Stück Holz, aber er wollte exakt den gestrigen Schraubenzieher. Dann wünschte er sich ein Stück Kabel, und zwar genau dasselbe wie gestern. Und dann drückte er mir etwas in die Hand: »Pass gut auf den Haken auf«, sagte er, »und gib ihn mir, wenn die Feder gespannt ist.«

DER DRANG ZU SPIELEN IST STÄRKER ALS DER SCHMERZ

Der Drang zu spielen ist bei Kindern viel stärker als die anderen Bedürfnisse oder Befindlichkeiten. Stärker sogar als eine Krankheit, so schwer sie sein mag. Auch sehr kranke Kinder spielen weiterhin. Manches Mal ist es ein ganz kleines Stück Möglichkeit, das Kinder unauffällig, aber bewegend zielstrebig ergreifen, bevor es vorbeizieht.

Der Drang zu spielen ist bei Kindern stärker als der Schmerz. Das beobachte ich oft bei meinem Sohn Antonin. Zum Beispiel, wenn er mit seinem kleinen Flugzeug spielt und dabei einen Ast oder einen Stein übersieht und darüber stolpert. Er verletzt sich, hat die Tränen im Gesicht und ein wenig Blut an den Händen, aber er steht auf, hebt sein Flugzeug auf und fliegt weiter, summt den Motorenton mitten im Schluchzen.

Der Motorenton ist für Antonin übrigens eine Art Selbstbehandlung, wie das Schnurren einer Katze. Er schnurrt und brummt und summt – Motoren, Mozart-Arien, eigene Melodien. Er sucht dabei immer wieder eine Frequenz, eine Vibration wie eine Mikromassage. Motoren und andere Geräusche liefern ihm einen Vorwand, geben seinem Bedürfnis nach dieser Frequenz eine mögliche »rationelle« Gestalt. Nichts ist Zufall, nichts ist Willkür, nichts ist »unzulänglich«, alles ist Entwicklung. Jede Etappe ist relevant und sollte behutsam behandelt werden, denn sie hat auf der Reise des Werdens eine Herkunft und eine Destination. So sagt Antonin: »Ich bekomme im Kopf eine Nachricht: ,Eine neue Melodie wurde erfunden, wollen Sie sie singen?' Aber es ist keine E-Mail, es ist eine Nachricht in meinen Neuronen ...« (Diese Begriffe werden bei uns oft verwendet, deshalb sind sie ihm vertraut.)

Der Drang zu spielen ist bei Kindern sogar stärker als Hunger oder Durst.

An einem Morgen war Antonin in die Küche gekommen, mit seiner großen Rakete unterm Arm. Wir leben in einer Baustelle. Noch bauen wir das Haus wieder auf, Stein für Stein, Euro für Euro. Ein Zimmer ist fertig, das größte, Antonins. Aber er ist selten darin, denn er möchte logischerweise mit uns sein, und wir halten uns meistens in der Küche auf. In der Küche haben wir einen Familientisch. Vielleicht haben Sie einen ähnlichen ... Es ist der, der bekanntlich immer perfekt aufgeräumt ist. Es ist der Tisch, an dem gegessen, worauf gekocht, gearbeitet, gezeichnet, gelesen, geschrieben wird ... Um die schöne Saturn-V-Rakete abzustellen, hatte Antonin also einen kleinen Platz auf dem voll belegten Tisch freigeschoben. Dann war er nach dem Frühstück nach draußen gegangen und hatte sie da stehen lassen.

Nach einem langen Vormittag kam Antonin wieder herein und sagte, er sei sehr durstig. Also füllte ich sein Glas und platzierte es dort, wo etwas Platz war: neben der Rakete. Antonin ging darauf zu. Sah die Rakete, vergaß den Durst und das Glas, packte sie und ging wieder nach draußen, um eine weitere Stunde zu spielen ...

Kinder sehen Dinge immer aus einer kreativen Perspektive an und schreiben ihnen endlos neue Funktionen und Anwendungen zu. Sie lassen aus völlig unerwarteten Gegenständen Spiele entstehen. Solche Kompetenzen sind im Berufsleben sehr gefragt. Später muss man sie mühsam durch Aus- und Fortbildungen erwerben. Dabei wären sie angeboren.

Thomas Sattelberger

Als ehemaliger Wirtschaftsmanager in großen deutschen Konzernen habe ich oft die Fantasielosigkeit und Kreativitätsarmut dieser Ozeandampfer beklagt und immer wieder versucht, Schneisen in den Dschungel der Öde und der geistigen wie seelischen Armut zu schlagen. Auch die sogenannten Talente verwandelten sich nach kurzer Zeit in grau gewandete Funktionsträger mit geklonten Erfahrungswelten. Beklagt hatte ich diesen Zustand auch deshalb, weil er sich auf die Zukunfts- und Innovationsfähigkeit dieser Organisationen niederschlug und niederschlägt. Spiegelbildlich erleben viele junge Menschen die gleiche Situation schon in frühen Jahren in Schulen und Hochschulen. Die Industrialisierung und Ökonomisierung der Bildung ist eines der grässlichsten Übel unserer Zeit. Und sie nimmt den Lernenden Spaß, Kreativität und Freiheit. Wir alle müssen dafür ringen und streiten, dass wir diese drei Quellen erfüllten Lebens und Lernens wiedergewinnen.

Thomas Sattelberger,
geboren 1949, engagiert sich nach 40 Jahren Managementtätigkeit, davon 15 Jahren in den Vorständen von Deutsche Telekom AG, Continental AG und Lufthansa Passage, jetzt voll für seine Themen einer zukunftsfähigen Bildung und einer fortschrittsfähigen Gesellschaft sowie den damit verbundenen Transformationsherausforderungen.

BENJAMIN, MEIN KLEINES MAIGLÖCKCHEN

Jetzt bist Du schon fast vier Wochen irdisch. Du bist schon eine ganze Weile mit uns, nur im Arm tragen kann ich Dich erst seit diesem Aprilmorgen, wo alles anders war als erwartet, und somit doch keine Überraschung.

Du und ich, wir haben schon ein Ritual entwickelt. Ich nehme Dich nach dem »Frühstück« immer in mein Hemd, eng an meinem Bauch gekugelt, ich halte Dich mit dem linken Arm, und ich gehe eine Weile. Meine Schritte schütteln Dich ein wenig, es ist ein elastisches Schütteln, wenn ich es absichtlich und ohne Gehen tue, geht das nicht. Und Du schläfst sanft ein.

Dann kann ich schreiben oder sogar Gitarre spielen, das geht gut, ich muss sie nur leicht schräg halten.

Wenn ich Gitarre spiele, dann sind meine Sinne besonders wach, und ich fühle merkwürdig innerlich, wie Du Dich im Schlaf ein wenig bewegst. Sehr zarte Hand- und Fußbewegungen, ab und an etwas impulsartiger. Die Musik ist wie ein Schild um uns, und ich weiß: Näher an die Gefühle, die eine schwangere Frau hat, wenn das Kind sich bewegt, kann ich wahrscheinlich nicht kommen.

VERTRAUEN IN DIE KRAFT DES KINDES

Schon beim Aufwachen machte Antonin Motorengeräusche, weil er die Decke mit seinem mit ins Bett genommenen Traktor mähte. Dann baggerte er in der Schokopulverpackung mit dem Löffel. Danach mischte er die Milch und die Schokolade mit seinem Löffel-Mixer. Den ganzen Morgen lang fuhr er mit dem Tretauto und machte dabei wieder mit seiner Stimme den Motor nach. Anschließend war er mit seinem Bagger und seinem Bulldozer zwei Stunden am Sandhaufen beschäftigt. Dann ist ein echter, großer Traktor an unserem Haus vorbeigekommen und Antonin durfte anderthalb Stunden darin mitfahren, im Ganzkörpereinsatz. Zurück daheim holte er sofort seinen eigenen grünen Traktor und spielte eine Stunde damit. Danach hörte er intensiv Musik, half beim Tischdecken und war beim Essen die ganze Zeit am Gespräch beteiligt.

Beobachtet man diese unglaubliche Ausdauer (die kein Erwachsener hätte), diese totale Konzentration und Beteiligung, diese bedingungslose Ernsthaftigkeit – diese pure, unbeachtete, unbeleuchtete Urkraft des Kindes –, wird man einfach unwiderstehlich und unmissverständlich gepackt. Man beginnt, Vertrauen in die Kraft des Kindes zu haben.

Ein junger Mann steht mit einem Ball unter dem Arm neben einem Vater, der seine Tochter auf dem Arm hält. Die Einjährige ist vom Ball fasziniert. »Sie liebt Bälle«, erklärt der Vater dem jungen Mann. Dieser hält seinen Ball dem kleinen Mädchen entgegen, und weil sie sich weiter unterhalten möchten, stellen die beiden Männer Kind und Ball auf den Boden. Das Mädchen krabbelt auf allen vieren hinter dem Ball her, der für sie zu groß ist, er rollt immer davon, aber sie gibt die Verfolgung nicht auf. Manchmal muss sie über Steine oder nasse Algen kriechen – mich fasziniert ihr Mut.

Die beiden Männer sind inzwischen in ihrem Gespräch sehr verwickelt und begleiten dieses Spiel eher geografisch, damit weder Ball noch Mädchen verloren gehen. Das Mädchen überwindet größere Hindernisse mit unablässiger Ausdauer. Manches Mal keucht sie, es verlangt von ihr große Mühen, aber der Drang zum Ball ist größer als alle Schwierigkeiten.

Besonders ergreifend wird es, als der junge Mann seinen Ball packt, sich verabschiedet und geht. Das Mädchen schaut einen Augenblick zu, wie er sich entfernt. Und dann krabbelt sie ihm nach, ohne zu zögern, ohne sich von der Unmöglichkeit ihres Unternehmens entmutigen zu lassen.

Versunken in ihrem Spiel, ohne es zu merken, wachsen Kinder über Grenzen hinaus, die sie niemals überwinden würden, wenn man es ihnen befähle.

*

* *

Antonin hat den Lieferanten gespielt. Er hat eine Stunde lang, Stück für Stück, all seine Plüschtiere von seinem Zimmer in unseres getragen. Dann all die anderen Spielsachen auch.

Dann war das Spiel beendet.

»Komm«, sagte meine Frau Pauline, »trag sie alle zurück in dein Zimmer.«

Antonin hat sie erschrocken angesehen: »Aber Mama, das wäre viel zu viel Arbeit!«

Nein, er ist nicht bequem, er drückt sich nicht und lässt »den ganzen Kram liegen, damit andere das aufräumen«. Er hat im Feuer des Spiels die Menge Arbeit gar nicht wahrgenommen. Jetzt, wo das Spiel beendet ist, wird sie ihm bewusst.

Arno Stern
Das Malspiel

Wie man für eine längere Reise ein Buch in die Tasche oder den Koffer packt, so legte mein Vater mein liebes Album »Aus Deutschlands Vogelwelt« in das wenige Gepäck, mit dem wir Kassel verließen.

Er hat es nicht gesagt, aber er muss wohl gedacht haben, dass ich es gerne irgendwo haben möchte. Es sollte ja gar keine lange Reise sein, und wir würden ja auch bald wieder nach Hause zurückkommen. So dachten meine Eltern, und ich ließ mein rotes Auto im Hof stehen und stieg zur Abfahrt zu meinen Eltern in den gemieteten Wagen.

Wir kehrten nie mehr zurück. Unsere Flucht, das Überleben als Staatenlose, die jahrelange Bedrohung – meine Kindheits- und Jugendjahre – folgten dieser Abfahrt, und das Album überlebte, wie durch ein Wunder, mit noch einigen wenigen Dingen aus meiner Kindheit. Ich hatte zwei kleine Rennautos, ein blaues und ein rotes; das eine ging mit einem unserer Koffer verloren; mit dem anderen habe ich noch lange gespielt.

In Deutschland hatte ich einige Spielsachen: einen Baukasten, eine Eisenbahn zum Aufziehen, einen Lastwagen mit Milchkannen, das größere Auto, in dem ich hinter dem Haus auf den glatten Wegen fuhr und ein paar Kleinigkeiten mehr.

Ich spielte viel, habe mir viel angefertigt, aus allen möglichen Materialien.

Die Halma-Spiel-Figürchen hatte ich mir aus dem Gesellschaftsspielkasten meiner Eltern angeeignet und sie zu Musikern verwandelt. Knetgummi war ein wichtiger Bestandteil in allen meinen Anfertigungen. Mein Orchester war wie in einem Saal angeordnet oder als Militärkapelle marschmäßig eingereiht; es mussten sie noch Fahnen- und Fackelträger begleiten. Die Instrumente bastelte ich aus Stanniolpapier. Ich hatte auch ein Sortiment von Pralinenverpackungen gesammelt und je nach deren Muster als Geschirr verwendet.

Für die Gläser hatte ich eine besondere Herstellungsweise erarbeitet: Einen Metallstreifen wickelte ich teilweise um das Ende eines Bleistifts, das Überstehende rollte ich zu einem Stab zusammen, dessen Ende ich wie einen Blumenkelch öffnete, sodass das Trinkglas darauf stehen konnte. Teller waren leicht zu bilden, und für das Besteck – besonders für die mehrzackigen Gabeln – hatte ich ebenfalls eine ganz besondere Technik entwickelt. Das ganze Sortiment bewahrte ich, dem Muster nach, in einer größeren Streichholzschachtel auf. So entstand ein reich ausgestatteter Porzellanladen.

Von den Musikern möchte ich noch erwähnen, dass ich dazu gesungen habe, wobei ich ein Problem zu lösen versuchte: Wenn ich mich von den Musikern entfernte, dann sang ich dementsprechend leiser. Aber da ich doch die Töne erzeugte, müsste ich, von der Entfernung aus lauter singen, damit die Töne den Musikern, die sie hervorbringen, nicht zu leise klingen.

Ich konnte die damaligen Streichholzschachteln, die aus hauchdünnen Holzscheiben hergestellt waren, auch als Häuser verwenden. Ich öffnete den Deckel und verband die schmalen Längsseiten der Schachtel, wodurch das schräge Dach entstand. Und die Fenster malte ich auf die senkrechten Mauern.

Aus einer anderen Streichholzschachtel hatte ich eine Rangierlokomotive angefertigt. Die Fahrerkabine war der an eine andere Schachtel senkrecht angeklebte offene Behälter einer Schachtel.

Aus allen von den Erwachsenen als Abfälle angesehenen Dingen kann ein Kind einen neu beseelten Gegenstand entstehen lassen. Er besitzt geheime Eigenschaften, die mit den Wahrnehmungen und Beschäftigungen eines Kindes übereinstimmen.

Ich beobachtete vor Kurzem ein Kind, das ein kleines Stückchen Garn fand und damit spielte. Ein Erwachsener hätte kaum etwas damit anzufangen gewusst. Das Kind nahm den Faden, fasste ihn an beiden Enden und ließ so eine Krümmung entstehen. Und jetzt hob es die eine Hand, und die kleine Schleife rutschte so ganz langsam nach oben, und hernach wieder herunter. Und das Kind sagte abwechselnd: »Erdgeschoss!«, »Erster Stock!« Der Faden war das dicke Kabel unter der Kabine, dessen Bewegung es wahrgenommen hatte und erprobte. Mehr brauchte es nicht zu dem Spiel, aber das Kind erlebte einen wirklichen Fahrstuhl; ähnlich wie ein Kleiderbügel genügt, um Motorradfahrer zu spielen.

Später gab es für mich keine Bonbonieren mehr, die hätten wir uns als Flüchtlinge nicht leisten können. Aber ich weiß noch, dass ich, als etwa Zehnjähriger, an einem Wegrand eine Metallkugel fand. Ich steckte sie in die Tasche und betastete von Zeit zu Zeit diesen Schatz. Die Kugel stammte aus einem Kugellager. Ich ließ sie in den Spalten des unebenen Fußbodens rollen, und da in der Nähe des Hauses, in dem wir als Untermieter lebten, eine Baustelle war, konnte ich mir von einem der italienischen Maurer eine hölzerne Winkelleiste erbetteln, in deren angepasster Fahrbahn meine Kugel rollen konnte.

Der Hausbesitzer hatte eine Hobelbank mit einem Schraubstock. Ich wollte mir einen solchen herstellen und suchte mir einen glatten Haselnussast, dem ich die gewünschte Länge gab, und begann, mit einem Küchenmesser das Gewinde einzukerben. Das beschäftigte mich viele Tage lang. Meine Eltern schauten meinen Unternehmungen immer liebevoll zu. Ich hatte also eine mehr als zehn

Zentimeter lange Holzschraube geschnitzelt, aber zur Durchführung des Schraubstocks ist es nicht gekommen, weil ich inzwischen verstanden hatte, wie ein Liegestuhl verstellbar sein kann, und ich einen solchen dringend herstellen musste.

Das Haus, in dem wir wohnten, war am Rande einer ziemlich steilen Straße gelegen. Bei starkem Regen entstanden an ihren Rändern schnell fließende Bäche. Das regte mich zu einem ernsten Spiel an. Ich hatte mir aus einem kleinen Holzstäbchen ein Schiff ausgedacht und legte es in den Strom, und so fuhr es, je nach dem Gefälle, mehr oder weniger rasch; an manchen Stellen musste ich angesammelte Hindernisse beseitigen. Meine Mutter machte sich keinerlei Sorgen um mich. Triefendnass kam ich nach Hause zurück, und meine sämtlichen Kleider wurden vor dem kleinen Gusseisenofen zwischen zwei Stuhllehnen zum Trocknen aufgehängt.

Meine Kinder haben ebenso viele Dinge aus allen möglichen Materialien angefertigt: Einer halben Nussschale musste bloß ein kleiner Wollfaden angeklebt werden, um eine Maus zu sein. Eine originell gemusterte Buchverpackung war als Kleiderstoff geeignet, und aus Zellophan konnte man Brillengläser an eine aus Papier zugeschnittene Brillenmontur mit etwas Leim befestigen. Jeden Tag haben meine Kinder Dinge hergestellt, aber nicht, um damit zu spielen; das Spiel bestand allein in der Anfertigung. Als er älter war, gestaltete André Autokarosserien aus Pappe und montierte sie zusammen mit Lego-Mechanismen. Auch mit den von Eléonore und André aus Stoff (mit Wattefüllung) genähten Puppen und Tieren spielten sie nicht; jedoch haben sie vielerlei mit ihnen erlebt. Nur selten bedurften sie fremder Hilfe zur Anfertigung irgendeines Gegenstands, aber sie brauchten Werkzeuge und Materialien. Und weil bei ihnen die Zeit nicht knapp bemessen war, konnten sie sich ungestört ihren Unternehmungen widmen.

Schulkinder müssen in den wenigen Stunden, in denen sie zu Hause sind, zuerst ihre Aufgaben erledigen, bevor ihnen Zeit zum Spielen gewährt wird. Sie sind voll beschlagnahmt. Das ist anders bei freien Kindern, in deren Leben Spielen die Hauptbeschäftigung ist. Und dabei erfahren sie Wesentliches: Naturgesetze, Geometrie und Rechnen im Allgemeinen. Auch lernen sie auf diese Weise Lesen und Schreiben und vieles mehr, denn oft regen Gegenstände zu einer Wissenslust an – und das erwünschte Wissen befindet sich in Büchern, zu deren Lektüre ein ernstes Spiel anregt.

Dass ich das Malspiel erfunden habe, ist sicher kein Zufall. Denn neben der Malkunst – der Betätigung der Künstler – gibt es eine Äußerungsmöglichkeit, zu der ein jeder fähig ist – ein jeder, der in der dazu erdachten Einrichtung seine Spielfähigkeit belebt. In der Malkunst geht es um das Erzeugen eines Werkes. Ein Spiel zielt nicht auf ein Erzeugnis. Es ist ein momentanes Erleben ohne ein bedachtes Nachher. Das befreit von der Abhängigkeit eines Empfängers, von jeglicher Einschätzung, ist also nur ein vergnüglicher Ablauf. Mit anderen Worten: Spielen unterscheidet sich grundlegend vom Vorspielen.

Die Eigenart und zugleich Eigenschaft des Spieles ist im Malspiel besonders ersichtlich. Der Spielende beurteilt nicht, was er entstehen ließ; er genoss allein dessen Entstehen. Die vom Kind angefertigte Maus oder die Papierbrille spielen ihre unbezweifelte Rolle, und sie bestätigen dem Kind seine Fähigkeiten und sein Wissen.

Und wenn sich ein Kind im Malspiel eine Welt nach Maß im Raume seines Blattes einrichtet, dann ist sie so, wie sie sein muss – unbezweifelt und endgültig. In diesem Bild sind alle Wünsche des Kindes Wirklichkeit geworden.

Das sollte jeder wissen. Jeder sollte die Wichtigkeit des Spielens nicht unterschätzen, sollte sich bewusst sein, dass alles Wesentliche im Spiel enthalten ist.

Arno Stern,
geboren 1924 in Kassel, emigrierte 1933 mit seinen Eltern nach Frankreich. Nach seiner Begegnung mit Kindern in einem Heim für Kriegswaisen gründete er in den 1950ern den ersten Malort, der noch heute in Paris besteht. Mehrere Reisen in die Wüste, den Urwald und den Busch bestätigten die universale Gültigkeit seiner Forschung. Arno Stern wurde als UNESCO-Experte zum 1. internationalen Kongress für Kunsterziehung delegiert, hält regelmäßig Vorträge und Seminare und betreibt in Paris neben dem Malort das »Institut für die Erforschung der Ausdruckssemiologie«.

DAS UNERMESSLICHE POTENZIAL

Von nun an ist es die Wissenschaft, die die Büchse der Pandora öffnet, auf Gebieten, die man früher der Esoterik oder der New-Age-Bewegung zugeschrieben hätte. Grob gesagt, es geht darum, dass alles mit allem zusammenhängt. Bis jetzt hatte man immer Beweise dafür gefunden, dass die Welt ein Dschungel ist, in welchem Wettbewerb und der Kampf ums Überleben herrschen. Survival of the fittest. Die großen Tiere fressen die kleinen, die mächtigen Bäume unterdrücken die schwachen. Als ob all die Befunde ein Alibi für unser rücksichtloses Benehmen lieferten.

Aber seit Kurzem gibt es neue Befunde, und diese gehen in eine vollkommen andere Richtung. Jetzt spricht man nur noch von Synergie, Symbiose, Solidarität, kurz: von Verbundenheit. Ohne das Netzwerk der Pilze sterben die großen Bäume, sie wiederum »stillen« die kleinen. Ohne den Schutz vom Riesenplaneten Jupiter gäbe es kein Leben auf der kleinen Schwester Erde. Auch wir Menschen sind Teil dieser Landschaft. Man kann uns nicht auslöschen, ohne dass diese Landschaft zusammenfällt, und man kann diese Landschaft nicht zerstören, ohne dass wir zusammenfallen. Die Kluft zwischen dem »bösen Menschen« und der »armen Natur« wird aufgehoben, man möchte sie wieder synchronisieren.

Wir kommen nicht mit einem genetisch programmierten Gehirn auf die Welt, unser Gehirn wird auch nicht wie ein Muskel durch Training größer, sondern es entwickelt sich dort, wo wir es mit Begeisterung nutzen.

Und dank der Epigenetik wissen wir auch, dass unser Schicksal nicht in den Stein unseres Erbguts gemeißelt ist: Was wir verschlingen, wem wir begegnen, unsere Umgebung, unsere Erfahrungen beeinflussen unsere Gene.

Kinder können alles lernen und alles werden, und das ist ihnen bewusst.

Eine große Wende also. Und sie betrifft auch unsere Sichtweise der Kindheit. Seit jeher glauben wir, wir würden mit der Zeit besser, wie guter Wein, der mit den Jahren reift, wir würden nach und nach Fähigkeiten und Kompetenzen zulegen. Jetzt erfahren wir, dass es genau umgekehrt ist, dass wir als Potenzialbomben auf die Welt kommen – Kinder können alles lernen und alles werden, und das ist ihnen bewusst – und dass wir in den ersten Monaten unseres Lebens diese ganzen Potenziale in den Wind säen. Nach Darwin'scher Manier entwickeln sich nur die wenigsten unserer Fähigkeiten, und zwar diejenigen, die unsere Weltordnung verlangt, die anderen werden nicht in Anspruch genommen, verkümmern und verschwinden. So werden wir aber nie die, die wir hätten werden können. Wir werden zum Schatten unserer selbst, wir nutzen nur einen Bruchteil der Fülle an Möglichkeiten, die uns zur Verfügung stand, als wir zur Welt kamen.

Man könnte meinen, es seien einzig die großen Mathematiker, die mit vierzehnstelligen Zahlen nahezu reflexartig in Sekundenschnelle rechnen können, man könnte denken, Künstler, Akrobaten, Samurais, Piloten, all diese Meister hielten das Potenzial der Menschheit in den Händen. Und doch hat jeder von ihnen nur jeweils einen kleinen Teil des Ganzen entwickelt, um daraus seine Kunst zu formen.

Es stellt sich also heraus, dass die Hüter unseres Potenzialmeeres die Kinder sind.

BENJAMIN, MEIN KLEINES MAIGLÖCKCHEN, SCHON FÜNF WOCHEN ALT …

Du bist deutlich größer, deutlich stärker geworden. Heute liegst Du in der Mulde zwischen meinen Knien, und wir schauen uns in die Augen. Zum ersten Mal merkst Du, dass Du Dich nach oben bewegen kannst, wenn Du mit Deinen Füßen auf meinem Bauch drückst. Wenn Du Dich ganz austreckst, kannst Du es so weit, dass Dein Kopf über den Rand meiner Knie kommt und Du nach hinten schauen kannst. Das überrascht Dich das erste Mal. Das ist ja sichtlich das erste Mal auf Erden, dass Du eine so große Veränderung Deiner Lage durch Deine eigene Kraft feststellst.

Aufgrund der Überraschung bist Du kurz zurück in die ursprüngliche Position gekommen. Du siehst bedachtsam aus, wartend und neugierig. Du streckst Dich wieder aus, drückst mit den Füßen, immer wieder, immer weiter, das ist Dein erstes Spiel, ernsthaft, packend. Du wiederholst das Spiel, immer wieder, immer stärker, jetzt kannst Du Dich so wie ein Bogen spannen. Dein Rücken berührt meine Knie kaum.

Man sieht von außen richtiggehend, wie sich innen die Netzwerke in Deinem Gehirn stufenweise festigen. Wie Du Dich dadurch schrittweise herangetastet hast und Dich jetzt schon vertraut fühlst.

Frühe Körpererfahrungen, sagt der Neurobiologe Gerald Hüther, bilden die Grundlage für die Bahnung und Festigung von Bewertung und Entscheidungspotenzialen im Gehirn. Sie sind die Grundlage für Kompetenzen wie Impulskontrolle, Eigenmotivation und Selbstwirksamkeit.

Oft hatte ich das gelesen. Verstanden und mir vorgestellt. Dass man es so direkt sehen kann, wusste ich noch nicht.

Spielen ist Dein Beweggrund. Es gibt da kein Bedürfnis, keine programmierte Entwicklung. Es ist ein Parcours, auf den Du Dich selbstständig und frei begibst, ohne Schmerz, ohne Angst, ohne die Verbundenheit zu verlassen, nur weil Du spielst. Du musst kein anderer werden, um Dich zu verändern.

Wenn man Kinder in ihrem Element, dem Spiel, lässt, sind sie ausnahmslos genial. Meine Eltern haben nie versucht, eine persönliche Vorstellung durchzusetzen: Ausgangspunkt waren immer wir. Sie haben uns sehr genau beobachtet und stellten sich immer begeistert die Frage: ›Was wird wohl der nächste Schritt sein?‹ Sie kamen gar nicht auf die Idee, uns zu fördern.

3.
JEDES KIND IST GENIAL

Aus einem uns unbekannten Grund hat Antonin, damals zwei, eines Morgens angefangen, laut vor sich hin zu zählen: »Deuuuux, quaaaaaat, sissssss« (von »deux, quatre, six« – zwei, vier, sechs). Das hat uns sehr amüsiert, und es wurde zu einem seiner Lieblingsspiele. Sobald er irgendwie merkte, dass jemand zählte, oder wenn er in einem Gespräch eine Zahl wahrnahm, wiederholte er wieder: »Deuuuux, quaaaaaat, sissssss.« Unsere Begeisterung angesichts dieses unerwarteten, natürlichen Prozesses, unsere Rührung bei dieser seiner Freude und unser Interesse für diese selbstbestimmte Entwicklung haben uns wohl dazu gebracht, merklich zu strahlen.

Irgendwann stand eine beflissene Person da und war schockiert: »Ihr könnt ihn doch nicht in einer schlechten Gewohnheit belassen und sogar noch unterstützen! Ihr müsst ihm das richtige Zählen zeigen! Antonin, komm mal her: eins, zwei, drei, vier, fünf, sechs!«

Antonin antwortete: »Deuuuux, quaaaaaat, sissssss.«

»Nein, nein«, wiederholte die Person, »eins, zwei, drei.«

Dieses eine Mal machten wir uns keine Sorgen, dieser Dialog konnte Antonin nicht aus dem Vertrauen bringen. Aber diese Haltung, die allgemein verbreitet ist, hat mit der Zeit Konsequenzen. Wäre Antonin ihr ständig ausgesetzt, hätten wir bei der nächsten Stufe, bei seinem

Fortschritt beim Zählen, nicht gewusst, ob sie aus einem inneren Bedürfnis heraus entstanden war oder als Resultat von Anforderungen. Mit der Zeit verzichtet ein Kind dann immer auf die eigenen Impulse und Prozesse und übernimmt die, die man ihm auftischt, weil genau diese bei seinen Eltern oder anderen Bezugspersonen gut ankommen.

Anstatt festzustellen, wie viele neue, unerwartete Dinge das kleine Kind täglich in sich aufnimmt, statt von der Voraussetzung auszugehen, dass das Kind die Dinge so will oder braucht, wie sie gerade sind, meinen die meisten Menschen, dass das Kind eben noch nicht fähig ist, sie »besser« zu gestalten.

Jedes Kind ist auf seine Weise genial,
dort, wo es sich begeistern kann.

Einmal saß ich mit einer gar nicht spielerischen Vertreterin der akademischen Intelligenzija in einer Runde. Ich hatte gerade mal zwei Sätze gesagt über die vertrauensvolle Haltung, die man dem Kind gegenüber haben könnte, und über sein Genie, als sie mich schon unterbrach. Man könne so was nicht sagen, war der Einspruch, denn sonst hätten alle Eltern das Gefühl, dass sie Genialität in ihrem Kind finden könnten. Das aber sei fatal, denn sie würden bald feststellen müssen, dass bei Weitem nicht alle Kinder genial seien. Die akademische Bedeutung von »Genius« sei schließlich etwas, was nicht alle hätten.

Aber genau das meinte ich: Jedes Kind ist genial, dort, wo es sich begeistern kann. Es gilt also nicht, seine Genialität anhand von vorgefertigten, akademischen oder anderen etablierten Kriterien zu messen. Es geht darum, dass jedes Kind in seiner Einzigartigkeit gesehen und wertgeschätzt wird – dann wird es sich auch entwickeln. »Kinder sind genial, so wie alle Menschen, wenn es ihnen gewährt wird«, sagt mein Vater Arno Stern.

Ich habe nach diesem Vorfall nach der Definition von »Genie« gesucht und stehe vollkommen dazu, diesen Begriff zu verwenden: Er geht nämlich auf das lateinische »ingenium« (natürliches, angeborenes Talent) zurück.

Wie kann man glauben, dass eine Sozialisierung stattfindet, indem man Kinder desselben Alters in einem hermetischen Klassenverband Konkurrenzdenken und Leistungsdruck aussetzt? Man denkt immer, dass Kinder sich mit Kindern identifizieren. Sie identifizieren sich aber nicht mit einem Ghetto, sondern mit dem ganzen Team, das sie sehen. Ihre Peergroup ist die Menschheit, mit all ihren Verschiedenartigkeiten.

4.
SPIELEN IN DER WEITEN WELT

Kinder sind die sozialsten Wesen, die es gibt. Sie kommen auf die Welt mit idealen Eigenschaften: Sie haben offene Sinne, sie sind unvoreingenommen, sie sind neugierig, sie urteilen nicht – sondern sie nehmen die Dinge, wie sie da sind, und begegnen Neuem mit Interesse.

Alle sind überzeugt, dass Kinder auf Kinder zugehen. Die Beobachtung mag das sogar immer wieder bestätigen, doch in Wirklichkeit ist es so: Kinder gehen auf diejenigen zu, die spielen.

Und in unserer Weltordnung sind Kinder die Einzigen, die noch (ein wenig) spielen.

Lässt man aber einen Erwachsenen spielen, so gehen die Kinder auf ihn zu, weil das dem Spiel einen besonderen Wert gibt: Sie wollen sein wie wir, sie wollen aber genauso sehr spielen, das ist oft eine Diskrepanz. Plötzlich verschwindet diese.

Es ist ein Morgen am Strand in der Bretagne. Es gibt hier allerlei Aktivitäten und viele eifrige Menschen dahinter. Bälle in sämtlichen Größen, Schläger in verschiedenen Formen, Sport- und Schwimmutensilien in diversen Gestalten, viele kleine Plastikeimer mit entsprechenden Schaufeln in grellen Farben. Manche Menschen laufen, andere sammeln Muscheln. Manche nehmen ein Sonnenbad, andere springen in die Pfützen. Viele reden, einige schreien, ein paar telefonieren, es gibt so viele Boote, Surfbretter und Profimeerbesetzer, dass nur wenige baden.

Auffällig ist, dass es so wenig Synchronisation zwischen den Generationen gibt. Als ob die Kategorie »Kind« und die Kategorie »Erwachsene« hier aufgrund unterschiedlicher Absichten besonders inkompatibel wären, als ob man versuchte, einander zu beschäftigen, um dem Eigenen nachgehen zu können. So gibt es viele Erwachsene, die verzweifelt »um ihre Ruhe« kämpfen, viele Kinder, die gerne spielen würden, aber nicht allzu weit weg dürfen und vor allem nicht allein ins Wasser. Einige der Kinder spielen miteinander, doch oft wetteifern sie dabei um etwas, und das endet fast immer in Schreien und Disputen. Ein paar Väter gibt es, die mit ihren Söhnen kompetitive Ballspiele betreiben – dabei werden sie entweder gut gelaunt angespornt, unproportioniert bejubelt oder regelrecht fertiggemacht.

Von Erwachsenen und Kindern, die mit- und nicht gegeneinander spielen, gibt es in Sichtweite keine Spur.

Und doch: Ein Vater und ein Sohn kauern ein wenig abseits vom Trubel, unweit vom Betondamm, der als Überleitung von der Straße zum Strand dient. Sie spielen miteinander, sie sind tief konzentriert und auch sehr verbunden, obwohl sie fast zwei Meter voneinander entfernt knien. Mit Muschelschalen kerben beide kleine Kanäle in den nassen Sand, sie haben schon ein ganzes Netzwerk gegraben. Es sammelt das Wasser, das aus einem Rohr neben dem Damm herauskommt, und führt es bis zum Meer. Oder wird es einmal tun; momentan laufen noch die Bauarbeiten. Der Papa macht die großen Kanäle, der Sohn öffnet am liebsten Schleusen, wenn die kleinen Leitungen bereit sind. Die zwei sind so sehr ganz in ihrer Welt eingetaucht, dass sie erst gar nicht bemerken, dass ein vorbeilaufendes kleines Mädchen mit Eimer und Schaufel stehen bleibt.

Irgendwann wagt sie es, mit ihrer Schaufel zu helfen, aber das geht nicht so gut, weil sie scheu ist. Sie bleibt aber, setzt sich in den Sand und formt mit dem Eimer einen kleinen Turm. Niemand stürmt hinzu, um daraus eine Burg zu machen, doch der Vater zieht einen Kanal bis zum Turm und umringt ihn. Dann kommt der Sohn und öffnet die »Schleuse«, es strömt das Wasser und bildet einen Schutzgraben um den Haufen Sand. Das Mädchen ist begeistert und baut weitere Türme. Der Sohn hilft ihr nun, und der Vater muss die Hauptleitung erweitern, sonst fließt zu wenig Wasser.

Ein etwas größerer Bub, der alles bis eben in gewisser Entfernung beobachtet hatte, weil die Batterie seines ferngesteuerten Autos leer war, tritt näher. Er schlägt vor, ein Holzbrett, worauf er bis jetzt saß, als Viadukt einzusetzen, damit der Wasserstrom auch weiter unten ansetzen kann. Dieses Unternehmen beschäftigt ihn eine Weile, weil er unter dem Brett elegante Bögen aus Sand herstellen möchte. Die Mama vom kleinen Mädchen kommt vorbei, weil sie ihre Tochter sucht. Sie staunt und bewundert das Geschaffte vorerst etwas zu laut, doch die Stimmung packt auch sie. Sie schickt sich an – mit dem Vorwand, ihrer Tochter zu helfen – winzige runde Muscheln als Dekoration auf die kleinen Sandtürme zu stecken. Sie holt immer mehr verschiedenartige Muschelschalen und fängt nun an, sie als komplexere Mosaiken dicht aneinander aufzulegen. So entsteht ein stark verzierter Platz zwischen den Türmen. Tochter und Mutter teilen die Ernsthaftigkeit ihres Spieles, sind gleichsam zusammen und doch unabhängig beschäftigt.

Die Anwesenheit eines Vaters und einer Mutter zieht weitere »Erwachsene« an. Eine ganze Kinderschar ist inzwischen an allen Ecken beschäftigt, es ist erstaunlich, wie konstruktiv und friedlich die Stimmung ist und wie viel Respekt unter den Beteiligten herrscht. Es gibt auch Zuschauer, und immer mehr davon fotografieren.

ARNO UND ANTONIN

»Schau mal«, sagt Antonin zu meinem Vater, »ich habe diese Packung behalten, es gibt darin ein Fenster, können wir daraus etwas machen?« Papa beugt sich, guckt sich die Schachtel an. Mit einem Kind zu spielen, ist für ihn eine wichtige Beschäftigung. Er beteiligt sich nicht nebenbei, er widmet sich dem Spiel ganz und ist dabei sehr erfinderisch. Er und das Kind sind auf gleicher Augenhöhe, teilen dieselbe Zeitlosigkeit.

»Wir können daraus einen Laden mit einem Schaufenster machen«, sagt er schließlich und ist dabei ganz »Kind«. Sie bauen gemeinsam so viele Dinge! Sie sind in einer Beziehung, sie sind in Resonanz und brauchen deshalb keine »speziell entwickelte« Ausstattung. Durch diese Beziehung entwickelt sich das erstbeste Stück Papier zum perfekt passenden Spielzeug. Wenn Subjekte sich treffen, sind die Objekte zwischen ihnen nur Brücken.

Es bedarf dann keines Trinklernbechers oder keines Reißverschlusses auf einem Brett und keiner Schleifpapierbuchstaben.

Mein Vater, Arno Stern, ist der Erfinder des Malorts, einer einfachen Einrichtung mit vier bunten Wänden und einem Palettentisch mit achtzehn Farben in der Mitte. Sonst hat er nichts erfunden, keine Theorie entwickelt und keine Methode; er hat einfach Menschen malen lassen und dabei allerlei Entdeckungen gemacht, die zu einer ganz neuen Forschung geführt haben.

Die Universalität des von ihm Entdeckten hat er nachgewiesen, indem er viele Reisen in ferne Länder unternommen hat: Menschen in Paris, Nomaden in der afrikanischen Wüste oder Urwaldbewohner zeichnen ausnahmslos dieselben Gebilde, obwohl weder ihre Hautfarbe noch ihre Kultur oder ihre Umgebung die geringste Ähnlichkeit haben.

Alle Menschen, wenn sie zeichnen oder malen, ungeachtet von Alter und Wohnort, finden Zugang zum gleichen Fundament. Vorausgesetzt, sie werden vor fremden Einflüssen geschützt und – in unseren Breitengraden – von der Gewohnheit befreit, die gezeichnete Spur mit Kunst zu verwechseln. Dieses Fundament, das Arno Stern »die Formulation« nennt, besteht aus siebzig »Zeichen«, die er vor mehr als einem halben Jahrhundert entdeckt hat und seitdem studiert. Niemand kennt die Wichtigkeit des Spielens und des Wiederholens besser als er.

Arno Stern
»Die Kunst, Großvater zu sein«

Käme Antonin, mein Enkel, unverhofft zu mir, um mir zu erzählen, was er macht, oder mir zu zeigen, was er angefertigt hat, dann würde ich mitten im Satz aufhören zu schreiben, um ihm zuzuhören und mit wahrem Interesse zuzusehen. Mein Satz kann warten, das Kind nicht.

Wir spielen viel zusammen, so wie ich vor Jahren mit meinen Kindern gespielt habe. Ah, er erlebt nochmals seine Jugend!, denken Sie. Nein, so ist es nicht. Trotz der dreißig oder fünfunddreißig Jahre, die seit damals vergangen sind, ist Antonin wie ein drittes Kind für mich. Ich widme ihm Zeit wie zuvor André und Eléonore, und ich sehe zu, wie sich seine Fähigkeiten entwickeln.

Die vergangenen Jahrzehnte haben vieles verändert. Das Eintreten der Informatik und die Erfahrung mit ihren Möglichkeiten haben die Denkweise verändert, selbstverständlich auch die des Kindes! Informatik kann schädlich oder bereichernd sein; Antonin weiß mit den Tasten und den Befehlen besser umzugehen als ich. Alles, was spät zur Gewohnheit von Erwachsenen meiner Generation geworden ist und ihr oft Schwierigkeiten bereitet – und seien es nur die Begriffe (DVD, SMS, PDF, USB, WLAN …) –, ist so selbstverständlich für ein Kind, dass es sich diese Dinge aus dem Alltag nicht mehr wegdenken kann.

Ein dreijähriges Kind ist zu vielem fähig, wenn man es machen lässt. Es sind diese Erfahrungen, die unzähligen Spiele, die bereichernden Begegnungen, die man den Kindern vorenthält, wenn man bestimmt, sie vom Alter von Antonin an in der Schule einzusperren.

Im Gegensatz zum Dirigenten, der das Spiel der Musiker antizipiert, muss sich der Erwachsene, der mit Kindern lebt, ihrem Spiel anpassen und dem Kind in seiner Entwicklung folgen. Er kann ihm das Material vorschlagen, dessen sich das Kind bedienen wird; dabei muss er im Auge behalten, dass die Konzentrationsfähigkeit des Kindes beschränkt ist. Gemeinsam bauen sie mit Würfeln einen Turm, doch dann baut das Kind plötzlich etwas ganz anderes, weil der Würfel aus irgendeinem Grund, den nur das Kind kennt, eine Person geworden ist, ein Fahrzeug, ein Gemüse – und von diesem Augenblick an nimmt das Kind den Turm nicht mehr wahr und widmet sich nur noch dem neuen Spiel. Der Erwachsene hätte den Bau weiter vorangetrieben, aber er gehört nicht ihm, er ist nur der Handlanger, der geholfen hat, die Würfel aus ihrer Kiste zu holen.

Letztes Jahr hat Antonin auch mit diesen Würfeln gespielt, aber auf andere Art. Selten gelang es ihm, mehr als zwei Würfel aufeinanderzustapeln, und er jauchzte, wenn es ihm gelang. Tat ich es für ihn, war sein Spiel, sie umzustoßen. »Er ist so destruktiv!«, hätte ein unwissender Erwachsener gesagt. Die Gebärde des Kindes muss aber gesehen werden als das, was sie ist: das Erkennen des Falls, so wie er »Bumm!« ausruft, wenn er sich an einem Hindernis stößt.

Nun, ein Jahr später, stellt er mit seinen flink gewordenen Fingern aufeinander, nebeneinander, konstruiert mit den wiederentdeckten Würfeln wie mit den Lego-Teilen, die es ihm erlauben, in die Höhe zu bauen, so hoch, dass er einen Schemel holt, um auf der richtigen Höhe zu stehen, wenn der Turm es erfordert. Er weiß, auf welche Weise die Teile zusammengefügt werden. Außerdem gibt er ihnen immer den Namen ihrer Farbe. Das ist auffällig bei ihm: Er redet vom roten Auto, vom schwarzen Auto … Die Farbe der Dinge ist jetzt wichtig, während er ihr keine Bedeutung zugemessen hat, als er kleiner war.

Im Malspiel hat er bemerkenswerte Fähigkeiten entwickelt, vor allem beim Eintauchen des Pinsels. Wenn er sich hinreißen lässt, zu fest auf den Pinsel zu drücken, sagt er: »Arno, ich habe den Pinsel kaputt gemacht!« Er ruft mich wegen des kleinsten Tropfens, der durch das Blatt rinnt, und wegen der Reißnägel, wenn er sie versehentlich angemalt hat.

Antonin hat zwei »Zuhause«. In Paris ist es enger, auf dem Land hingegen hat er viel Platz. Die Spielsachen sind nicht dieselben. Auf dem Platz vor dem Bahnhof Montparnasse in Paris steht ein Karussell. Da dreht er seine Runden mit allen möglichen Beförderungsmitteln: Flugzeug, Tram, Auto, und vor allem auf Pferden und Motorrädern. Im Esszimmer auf dem Land spielt er mühelos Karussell, indem er um den runden Marmortisch rennt. Vor einigen Monaten war dies auch der Weg, den er nahm, wenn er ein Fahrzeug an einer Schnur hinter sich herzog; und auch, um in seiner Vorstellung »einkaufen« zu gehen. Dann kam er zurück, gab allen, die am Tisch saßen und ihm dies oder jenes abkaufen oder eine Reise unternehmen sollten, die Hand. Er spielt oft mit erfundenen Gegenständen, bringt einen Strauß und übergibt ihn mir, oder ein Gericht, das er zubereitet hat, oder Sand, Steine und Wasser, um etwas zu mauern. Er trägt Gegenstände zusammen, indem er so tut, als würde er schaufeln oder schwere Lasten tragen – und lässt dabei seinen kleinen Bizeps anschwellen. Er öffnet einen imaginären Wasserhahn und lässt das Wasser laut plätschern. Ein Brettchen wird zur Säge, mit der er Balken zersägt, wie er es beim Zimmermann gesehen hat. Der Zimmermann steht ihm näher als die anderen Handwerker, die er auf dem Bauplatz angetroffen hat.

Dann sind da all die Spiele, die sowohl an Gegenstände als auch an die Welt der Töne gebunden sind. Stößt er ein Auto an, egal ob groß oder klein, liegt er meist bäuchlings auf dem Boden und lässt es ganz nah an seinen Augen vorbeifahren; dabei imitiert er den Lärm des Motors, der Entfernung des Wagens angepasst. Sein musikalisches Gehör ist ihm dabei von Nutzen.

Noch vor Kurzem hatte die Geschwindigkeit, mit der er die Autos antrieb, keine Bedeutung. Neu ist, dass er ganz langsam anfährt und dann beschleunigt. Diese Steigerung hat er beobachtet, als ein Zug anfuhr und als er selbst im Zug saß und hinausschaute. Was sich ein Kind im Laufe der Zeit nicht alles aneignet! Zahllose Entdeckungen, deren Bedeutung der Erwachsene nicht ermessen kann; ebenso wenig kann er sich vorstellen, wie freudig sie für das Kind sind.

Vor einem Jahr spielte er noch nicht allein. Ein Erwachsener leistete ihm Gesellschaft. Häufig war ich es, der ihn bei seinen Unternehmungen begleitete. Ich entsorgte die überzähligen Gegenstände, wenn eine Tätigkeit zu Ende war, in der Überzeugung, dass es nicht um das Anhäufen gegangen war, sondern darum, sich zu konzentrieren. Übrigens: Ich betone, wie wichtig Rituale sind. Jede Tätigkeit ist strukturiert und folgt gewissen Regeln. Ich beharre auch auf der Strenge, die dem Geist und der Geisteshaltung des Kindes eine Struktur gibt; ohne Strenge nimmt das Chaos überhand. Die Kinder in unserer Gesellschaft wachsen ohne Strukturen auf. Man braucht keine Gründe zu erfinden, weshalb sie sich so zusammenhanglos verhalten, so fahrig sind, so aggressiv, so rücksichtslos anderen gegenüber, so unersättlich, so undankbar (und was man ihnen sonst noch vorzuwerfen hat ...). Sie sind so, wie wir sie gemacht haben. Sie sind so, wie die jungen Deutschen waren, indoktriniert, zur Zerstörung erzogen, arrogant in ihren Uniformen in der Farbe der Exkremente, aufgewachsen unter der Unmoral, die zur Ideologie erhoben worden war, jeglicher Intimität und Empfindsamkeit entzogen. Wir schreiben nicht mehr 1936, wir leben nicht in einer Nazi-Diktatur. Einverstanden. Die Kinder tragen weder Uniformen noch Armbinden, denn diese äußeren Kennzeichen sind für die Konditionierung der Völker nicht mehr notwendig. Die Kinder – auch ohne Banner und Abzeichen – wachsen außerhalb ihrer Familien auf. Sie werden zum Wettbewerb erzogen. Der Wettbewerb beherrscht die Konsumgesellschaft. Man braucht nur das Ideal zu analysieren, das sie verherrlicht: den Erfolg, und die Mittel, die sie als Vorbild hinstellt, um das Ziel zu erreichen: die Ausschaltung unterlegener Konkurrenten.

Kürzlich kam jemand zu uns mit einem vierjährigen Jungen, der den Vorschulkindergarten besucht, nach den Jahren in der Kinderkrippe. Antonin ist auf ihn zugegangen, um ihn zu begrüßen und gewiss auch, um ihm vorzuschlagen, mit ihm und seinen Autos zu spielen. Der kleine Schüler ging ebenfalls auf ihn zu, hat ihn aber so grob gestoßen, dass er hinfiel. Ein nettes Beispiel, um deutlich zu machen, wie erfolgreich die berühmte Sozialisierung ist – diese grundlegende Rolle der Schule, die sich nicht darauf beschränkt, Wissen zu vermitteln, sondern die die Gesellschaft formen und das Kind darauf vorbereiten will, mit anderen zusammenzuleben: »Geh weg!« (Allerdings sagte man es nicht so, sondern »Hau ab!«) Sein Vater hat ein bisschen mit dem Jungen geschimpft: »Das tut man nicht, wenn man eingeladen ist!« Wäre Antonin ein bisschen größer gewesen, wäre er zur Schule gegangen, zum Wettbewerb erzogen worden, dann hätte er auch ausgeteilt, sie hätten sich gepackt wie auf dem Schulhof. So wird man zum Mann, zum Mann, der kämpfen kann und Erfolg hat im Leben: welch pädagogisches, soziales und politisches Ideal!

Ich bin nicht mit dieser Geisteshaltung aufgewachsen. Als ich in Montbéliard eingeschult wurde, als Ausländer, der nur ein paar Brocken Französisch sprach, haben sich Kinder, vor allem größere als ich, auf dem Schulhof auf mich gestürzt und mich beschimpft: »Sale boche!« (Dreckiger Deutscher). Zuerst habe ich diese Brutalität hingenommen, sie mit genüsslicher Resignation akzeptiert: Sie verabscheuen diejenigen, vor denen wir geflüchtet sind. Ihre Schläge gelten denjenigen, mit denen sie mich verwechseln. »Bravo! Besiegt die schrecklichen SA und SS, unsere Feinde!« Doch dann wendete sich das Blatt. Meine Großeltern, die 1934 noch das Recht hatten, Briefe zu schreiben, schickten mir bündelweise

Briefmarken. Gewiss waren diese prunkvollen Briefmarken deutscher als ich, denn im Dritten Reich wechselten sich Feierlichkeiten mit Gedenktagen ab, und jedes Mal wurde eine Briefmarke ausgegeben. Ich habe sie unter den Kindern meiner Klasse verteilt, und das hatte sich schnell herumgesprochen. Alle wollten sie eine haben, und ich habe sie rundherum verteilt. Die ganze Schule ließ sich nun herbei, verlangte nach mir, ich wurde nicht mehr geschlagen, man schmeichelte mir. Das ist die Lehre, die ich aus dieser Erfahrung gezogen habe: »Wenn dich einer auf die Backe schlägt, halte ihm eine prunkvolle Briefmarke hin!«

Schnell wurde ich der beste Schüler der Klasse, und niemand hätte mehr gewagt, es mir gegenüber an Respekt mangeln zu lassen. Sie suchten meine Freundschaft, und sie schmeichelte ihnen. Ich war nicht der gefürchtete Muskelprotz, dem man vorsichtshalber Treue schwört. Dass Respekt nichts mit Unterwerfung zu tun hat, sondern Harmonie in die Beziehungen bringt, das habe ich früh gelernt. Ich habe keinen Stolz entwickelt; Freundschaft war mir immer wichtig, und ich ging ihrem Gegenteil aus dem Weg.

Freundschaft heißt, aktiv und offen auf andere zuzugehen, und ein Lächeln deutet sie schon an. Dem Leben zuzulächeln heißt, allem Lebendigen gegenüber einladend zu sein. So war mein Vater; und meine Mutter hat mir erzählt, dass sie als junges Mädchen gesagt hat: »Sollte die Welt untergehen, würde ich alles daransetzen, sie auch an ihrem kleinsten Zipfel festzuhalten!« Sie sprach von ihrer goldenen Jugend voller Harmonie und Träume.

Über Wochen hat Antonin mit einer ausrangierten DVD-Hülle mit zwei CDs gespielt; eine hatte einen weißen Aufkleber, die andere einen dunklen. Mit dem Zeigefinger ließ sie Antonin um die kleine Erhöhung im der Mitte kreisen, dazu sang er. Eine CD enthielt Musik von Mozart, die andere von Beethoven. Tagelang spielte er damit. Das Tempo, mit dem er die CDs kreisen ließ, entsprach dem Rhythmus seines Gesangs. So ging das eine Zeit lang, bis er sich der Beförderung eines Lastwagens widmete oder mit enormer Beharrlichkeit all seine Fahrzeuge wusch, unabhängig von ihrer Größe; mit einem sauberen Flaschenreiniger ahmte er die Bürsten einer Autowaschanlage nach. All diese Spiele werden von passenden Tönen begleitet, die genau das wiedergeben, was er beobachtet und sich gemerkt hat.

Heute hat Antonin die vertraute DVD-Hülle aus der Schublade mit den Spielsachen geholt und auf den Bettüberwurf gelegt. Sie ist aus einem Stück, aus weichem Plastik, biegsam, und wenn man sie öffnet, liegen die beiden CDs rechts und links flach an den jeweiligen Hälften der Hülle. Als Antonin dies auffällt, hebt er die Hülle auf und lässt sie flattern, indem er die beiden Teile bewegt, und dann sagt er: »Schau, ein Schmetterling!« Er lässt ihn landen, abheben, lässt ihn mit den Flügeln schlagen. Es ist ein dicker Schmetterling, aber ebenso wahrhaftig wie die leichten und detailgetreuen Plastikschmetterlinge, die an kurzen Drähten befestigt waren und die ihn vor langer Zeit außerordentlich interessiert haben, die sich aber nicht eigneten, um wirklich damit zu spielen. Sie waren nicht viel mehr als eine Abbildung in einem Buch, in dem man blättert und die – weil sie nur ein Bild ist – zwar lebendig wirkt, aber nicht aktiv ist wie die Wirklichkeit, die das Kind kreiert, wenn es mit einer Tätigkeit beginnt. Im Spiel mit der DVD-Hülle war das auslösende Element das Gelenk, das ermöglicht hat, mit den Flügeln zu schlagen. Diese Eigenschaft ist für das Kind naheliegender als Form und Farbe der Flügel oder anatomische Einzelheiten. Es hätte ein Vogel sein können, aber genauso gut ein Flugzeug. Für Antonin war es in diesem Augenblick ein Schmetterling, der aus der Fülle seiner Erfahrungen, Feststellungen und Erinnerungen an die Oberfläche kam, Erinnerungen, ohne Unterlass von Begegnungen bereichert, die jederzeit zur Verfügung stehen, um damit zu spielen.

Das Leben des Kindes besteht aus Begegnungen. Die Welt ist groß und voller Überraschungen. In ihr zu leben ist etwas ganz anderes, als ihr Abbild auf der Weltkarte mit ihren klaren Umrissen und den bekannten Teilen, aus der sie sich zusammensetzt, zu betrachten. Jede Begegnung ist eine begeisternde Offenbarung. Das Kind sammelt keine Erkenntnisse, es lebt sie; dafür steht ihm ein einzigartiges Mittel zur Verfügung: das Spiel. Was ihm ins Auge sticht und was es überträgt, muss nicht vollständig dargestellt sein. Es reicht aus, dass ein charakteristisches Merkmal übereinstimmt, eine Form, eine Farbe, ein Geräusch oder was auch immer. Das Geräusch genügt, um ein Ereignis auferstehen zu lassen, das Orchester im Konzertsaal oder der Motor eines Fahrzeugs. Eine Farbe, ein Ort oder ein besonderer Gegenstand, der nicht wirklich vorhanden sein muss, ist alles, was es braucht: Das Kind hat die Fähigkeit, sich alles Übrige vorzustellen.

Übersetzung aus dem Französischen: Irène Mäder Marsili

Irgendwann gesellt sich zum Spiel die Nützlichkeit. Es ist noch ganz Spiel, und schon ein Übergang zum Begriff »Arbeit«.

Seit Langem laufe ich hinter Antonins Gokart her, wenn er darin sitzt und davonfährt ... Es ist eines unserer wichtigen Rituale geworden. Es ist so charmant, wenn er mit ganzem Körpereinsatz tritt, er hat schon von Anfang an die ganze Autofahrer-Gestik bei seinem Tun, und sein kleiner Rücken berührt mich. Immer wieder kontrolliert er im dazu eingerichteten Rückspiegel, ob ich ihm folge. Es ist nicht schwer, weil er bewusst nicht allzu schnell fährt.

Hinter ihm herlaufend, habe ich es schnell gelernt, mir Zeit zu nehmen, ihm zuzuschauen, aber auch den Bäumen, den Feldern links und rechts der Straße. Ich höre sein gewöhnliches Summen, aber ich kann mich auch auf die Vögel, die Ammern, konzentrieren, wenn er etwas weiter vorne ist. Es war ursprünglich nur als eine Begleitung gedacht, inzwischen ist es eine gemeinsame, sehr beruhigende Tätigkeit.

Seit Kurzem aber gibt es eine neue Komponente. Der große Container mit dem Altglas steht anderthalb Kilometer von unserem Haus entfernt. Doch hat Antonin große Freude daran, einen Anhänger an seinem Gokart anzubinden und viele Altglasbehälter darin zu stapeln, um anschließend mutig bis zum Container zu fahren – und retour. Zum reinen Spiel – ohne jenes zu veruntreuen – hat sich also die Nützlichkeit gesellt. Das ist für Antonin sehr befriedigend. Und somit erfährt er nicht nur die wichtige Selbstwirksamkeit, er erfährt, dass es einen Übergang zwischen Spiel und Arbeit gibt, aber auf keinen Fall eine Opposition. Und dass die Genugtuung und die Ernsthaftigkeit vom Spiel sich auf den Begriff »Arbeit« übertragen.

Stundenlang spielten Anne, meine Kindheitsfreundin – die erste Fremde, die ich geliebt habe –, und ich im Garten meiner Großeltern. Wir hatten uns auf einem kleinen Betondamm eine Hütte gebaut; die Luft war auch nachts heiß und die Sommertage waren besonders lange.

Anne war etwas größer als ich, sie brachte auch sehr viele neuen Kenntnisse und Erfahrungen mit. Zum Beispiel wusste sie, wie man in der Hütte – die eher durch Äste angedeutet war, als dass sie Wände gehabt hätte – mit ein paar Ziegelsteinen eine Feuerstelle macht. Und dass es uns durch das Feuer noch heißer wurde, dass wir am Ende des Tages wie geräuchert waren, das war alles kein Nachteil in meinen Augen! Ich war überwältigt, wie leicht es ging, ein Feuer zu entzünden und zu unterhalten. Bis jetzt waren in meinem Leben immer die »Erwachsenen« für das Feuer verantwortlich gewesen.

Aber Anne brachte noch weitere Vorschläge mit, die für sie selbstverständlich waren und für mich große Entdeckungen. Sie wickelte ein paar Kartoffeln in Alufolie ein und legte sie in die Glut. Als es Abend wurde, waren die Kartoffeln perfekt gebacken, und sie hatten den typischen Geschmack des Feuers. Ich hatte noch nie so gute gekostet.

Die ganze Familie wohnte in dieser Sommerzeit bei meinen Großeltern in der Provence meiner Kindheit. Alle waren so angetan von unseren Feuerkartoffeln, dass wir am nächsten Tag mit dem Backen von ihnen für das Abendessen der ganzen Familie beauftragt wurden. Das war eine Menge Arbeit, denn es waren viele Kartoffeln! Wir waren früh aufgestanden und den gesamten Tag damit beschäftigt.

Am Abend wurden sie tatsächlich am Familientisch serviert, und sie waren sehr beliebt. Anne und ich waren erschöpft und glücklich. Diese Kombination von Spiel und Nützlichkeit verlieh uns Flügel.

Das Leben ist ironisch: Immer wieder erinnert es uns daran, dass wir zwar alles tun und entscheiden sollten, was wir für das Beste halten, aber dennoch darauf gefasst sein müssen, dass das Gegenteil manchmal unumgänglich wird. Zum Beispiel kommt das Kind, das man sofort nach der Geburt stillen wollte, zu früh auf die Welt und muss in den Brutkasten …

5. DER RICHTIGE ZEITPUNKT

In Frankreich wird der Geburtstermin immer häufiger arrangiert, damit er so praktisch wie möglich in den Terminkalender der Eltern und der Ärzte passt. Wir treffen auf der Straße vor dem Haus einen Nachbarn, der eben junger Vater geworden ist. Er ist etwas durch den Wind und erzählt: »Heute früh hat meine Frau leicht geblutet, wir sind sofort ins Krankenhaus gefahren. Zu unserer Erleichterung war alles in Ordnung! Aber da der Geburtstermin ohnehin in drei Tagen gewesen wäre, haben sie entschieden, die Geburt künstlich einzuleiten, weil wir ja schon vor Ort waren, und alles bereit war, ein Platz frei – man weiß nicht, ob es in drei Tagen einen freien Platz geben wird ... Und so ging's gleich los! Die erste Anästhesie war etwas schwach, die zweite fast zu stark, meine Frau fühlte fast nichts mehr und konnte nicht gut pressen. Aber sie haben es schließlich wunderbar geschafft, und ohne Kaiserschnitt!«

Er ist müde, dennoch sehr zufrieden, und etwas stolz: Sein Vertrauen wurde nicht enttäuscht, die Ärzte, er und seine Frau waren fortschrittlich und haben alles so gemacht, wie es die moderne Medizin ermöglicht. Jetzt geht er allein nach Hause, schläft eine Runde, so auch seine Frau im Krankenhaus und das Kind im separaten Plexiglasbettchen.

Wie ihm das alles so selbstverständlich zu sein scheint! Es beruhigt ihn, er fühlt sich und seine junge Familie in guten Händen. Mir ist seit unserer Schwangerschaft bewusster denn je geworden: Das, was die einen beruhigt, bewirkt Panik bei den anderen, und das, was die ersten beängstigt, ist für die anderen eine große Erleichterung.

Ich werde panisch, wenn ich mir eine solche Geburt vorstelle, von der der junge Mann erzählt hat. Uns – mit unseren Gewohnheiten, Überzeugungen und mit unserer Achtung vor natürlichen, unbeeinflussten Prozessen – beruhigt eine Geburt zum vom Kind bestimmten Zeitpunkt, womöglich im vertrauten Zuhause, mit der nachhaltigen Begleitung einer kompetenten Hebamme, ohne grelles Licht, ohne herumschreiende Ärzte, ohne medizinische Behandlung, als wäre Gebären eine Krankheit, ohne Transfusion, Periduralanästhesie, Monitoring, Oxytocin, Temperaturschock, Handschuhe, kalte Waage ...

Aber als das alles noch ein Projekt war und wir nur davon erzählten, haben wir schnell festgestellt, dass nicht alle unsere Begeisterung teilten, viele warnten vor Problemen und sagten: »So was will ich für mich auf gar keinen Fall. Ohne medizinische Kontrolle hätte ich total Angst, es könnte etwas schiefgehen ...« Ich glaube, beide Ansichten sind tief verwurzelt und werden nie vereinbar sein. Jeder, der dies liest, wird sich entweder der einen oder der anderen nah fühlen. Es ist auch gut so.

Das eigentliche Problem ist, dass jungen Eltern eingetrichtert wird, dass weder die Mutter noch der Vater noch die Natur noch das Kind wissen können, »wie es am besten geht«, und dass es sogar gefährlich ist, das Ganze nicht von Anfang an der akademischen Medizin anzuvertrauen.

DAS KIND KANN, WAS ES WILL, UND MÖCHTE NUR DAS, WAS ES KANN

Was ist der »richtige« Zeitpunkt für irgendetwas im Leben? Wer weiß das schon. Mein Vater sagt: »Das Kind kann, was es will, und möchte nur das, was es kann.« Das natürliche Spielen ist das Einzige, das immer gerade der aktuellen Entwicklungsstufe des Kindes angepasst ist.

Ich selbst habe die verschiedenen Dreh- und Angelpunkte nicht gekannt, die angeblich den Weg vom Kind- bis zum Erwachsensein charakterisieren. Weder waren in meinem Leben die üblichen Lebensphasen – Kindheit, Jugend, Erwachsenenalter – genau segmentiert, noch war der Übergang von einer zur anderen deutlich wahrnehmbar.

Nie wurde mir das Gefühl vermittelt, dass etwas nicht meinem Alter entspräche – oder dass ich dies oder jenes »erst später« verstehen oder erklärt bekommen würde. Und es wurde mir nie gesagt oder zu spüren gegeben, dass ich dies oder jenes »jetzt« nicht mehr tun sollte, dass ich für dies oder jenes nun zu alt sei. Ich musste mich nie mit unaktuellen Dingen auseinandersetzen, nach dem Motto: »Was du heute nicht lernst, lernst du morgen nimmermehr.« Ich hatte mich auch nie zu zwingen, Dinge zu lernen, die ich nicht brauchte, mit der Begründung, dass ich »später vielleicht froh« sein würde, sie gelernt zu haben.

Stattdessen habe ich die Erfahrung gemacht, dass ich alles lernen kann, was gerade meinen aktuellen Beschäftigungen entspricht – und ich habe diese bereichert, egal ob ich angeblich zu jung oder zu alt dafür war! Ich habe nie die Gegenwart im Namen einer möglichen Zukunft opfern müssen. Ich wurde immer als vollgültiger Mensch in einer vollgültigen Entwicklungsstufe wahrgenommen und respektiert.

Wissen kerbt sich in uns ein, wenn unsere emotionalen Zentren aktiviert sind – und das in jedem Alter. Dass Hänschen früh etwas lernen muss, sonst lernt er es nimmermehr, ist grundsätzlich falsch. Die Praxis zeigt uns das Gegenteil. Gerald Hüther sagt zum Beispiel: »Wir wissen, dass ein fünfundachtzigjähriger Berliner in sechs Monaten Chinesisch lernen wird – vorausgesetzt, seine emotionalen Zentren sind aktiviert: zum Beispiel, wenn er sich verliebt hat in eine junge siebzigjährige Chinesin!«

Es gibt also keinen richtigen Zeitpunkt zum Lernen, es gibt nur eine Aktivierung unserer emotionalen Zentren – oder keine. Kinder gehen von einer Emotion in die nächste über. Von einer Begeisterung in die nächste. Sie verlassen also diesen Zustand nicht, in welchem wir nachhaltig lernen würden, solange man uns in unseren Rhythmen und in unserer eigenen Chronologie nicht stört.

Wenn unsere emotionalen Zentren nicht aktiviert sind, geht eine Information durch ein Ohr hinein und durch das andere wieder heraus. Charles Caouette, der Erfinder der öffentlichen Alternativschulen in Québec, sagt mit seinem sprichwörtlichen Humor: »Ein guter Schüler vergisst die Inhalte drei Wochen nach der Prüfung. Ein schlechter Schüler vergisst sie drei Stunden vor der Prüfung!«

Es wird also in unserer Weltordnung für total normal gehalten, 80 Prozent vom dem, was man gelernt hat, wieder zu vergessen!

Wie notorisch diese Tatsache ist, wird auf sehr amüsante Weise durch eine gewisse Situation illustriert, die mir immer wieder auffällt. Es werden oft merkwürdige Fragen gestellt, wie zum Beispiel: Hast du räumliche Geometrie gelernt?

Dazu gibt es zwei Antworten.

Die eine lautet: »Ja, das habe ich, sehr lange sogar, und ich war gut! Inzwischen habe ich zwar alles vergessen, damals aber schrieb ich immer die beste Note!« Diese Antwort wird immer mit einer gewissen Anerkennung und Bewunderung aufgenommen: »Oh, das ist etwas Schwieriges, und Sie waren darin gut, haben es lange studiert, schrieben immer die beste Note ...«

Die andere Antwortet: »Nein, das habe ich nie gelernt!« Und komischerweise wird das immer als Manko angesehen: »Oh, Sie haben da aber eine Lücke! Es könnte ja sein, dass Sie das einmal brauchen und dass Sie dann merken, wie gut es gewesen wäre, Sie hätten das gelernt ...«

Diese zweite Reaktion ignoriert, dass Sie »das« sofort lernen würden, wenn Sie es bräuchten, wenn der Zeitpunkt oder der Kontext oder die

Person, die es Ihnen zeigt, Sie betreffen, Sie berühren. Dann würden Sie es heute oder morgen genauso schnell und gut lernen wie gestern – und zwar für immer.

Das Lustige an diese beiden Reaktionen ist, dass sie zeigen, wie etabliert das Vergessen ist. Gelernt und vergessen wird sozial anerkannt. Nie gelernt aber nicht – dabei unterscheiden sich die beiden Antwortenden nicht: Beide wissen zum heutigen Zeitpunkt nichts über räumliche Geometrie!

DER ZUSTAND UNENDLICHER NEUGIER

Wenn das Kindsein gewürdigt und nicht gestört wird, bleibt dieser Zustand der unendlichen Neugier, des bedingungslosen Vertrauens, der unbeirrbaren Aufmerksamkeit, der totalen Aufgeschlossenheit erhalten. Wenn vor uns »erwachsenen«, gebildeten Menschen das Meer sich teilen würde oder jemand über das Wasser liefe, so riefen wir gewiss aus, hier passiere ein Wunder. Ein Kind jedoch ist so unvoreingenommen, dass es das nur zur Kenntnis nehmen würde, genau wie die Tatsachen, dass es andere Hautfarben gibt, Männer, Frauen, Kinder, Tiere existieren, und manche Leute groß, andere klein sind, schnell, langsam, mit einem kleinen Kreuz an der Halskette oder mit einer Kippa oder einem Tuch auf dem Kopf, Jüngere und Ältere ... Das alles respektiert und schätzt das Kind gleichermaßen, weil es keine Bewertung kennt und anstrebt, sondern nur die erfreuliche Fülle der Verschiedenartigkeit genießt, diese als wechselseitige Bereicherung empfindet.

Es gibt kaum Dinge, die mich mehr berühren und besänftigen, als mein schlafender Sohn. Er ist nur Schlaf, nur Entspannung, nur Vertrauen.

Er hat nie die Erfahrung gemacht, dass er am Morgen geweckt wird. Gerade damit fängt aber der Tag der meisten Kinder an: zeitig aufzuwachen, um zeitig in die Schule zu kommen ...

Wir sind die einzige Spezies, die ihre Kinder weckt.

*

* *

Ein Vater berichtete mir heute, dass er lernen musste, es zu tolerieren, dass sein vom Fußballspiel so begeisterter Sohn immer wieder Eigentore schoss. Er wollte ihm beibringen, dass man nur in das andere Tor schießt. Bis er verstand, dass es seinem Sohn darum ging, Tore zu schießen, weil er das so mochte, weil er das auch so gut konnte, und weil es ihm dabei total unwichtig war, welches Tor das war!

DAS KÜNSTLICH BEHINDERTE KIND

Kürzlich erzählte mir eine verzweifelte Mutter von einem ihrer Söhne. Anfangs, sagte sie, habe er mit seinen Eltern und Geschwistern ganz normal kommuniziert – wie jedes Kleinkind in einer sich beständig fortentwickelnden, persönlichen Sprachform. Dann mischte sich der Großvater, Kinderpsychologe von Beruf, ein. »Ich glaube, dein Sohn hat im Vergleich zu seinen Geschwistern eine Sprachstörung«, sagte er zu seiner Tochter. »Er kann mit drei noch nicht wirklich sprechen – du solltest ihn so schnell wie möglich zum Logopäden bringen.«

Alarmiert und schockiert, gar nichts bemerkt zu haben und deshalb vielleicht eine schlechte Mutter zu sein, besuchte die Frau mit ihrem Sohn einen Logopäden. Der diagnostizierte vier schwere Störungen – Dysphasie, Dyspraxie, Dysorthographie und Dyslexie – und empfahl, das Kind sofort in den Vorschulkindergarten zu schicken, damit es außerhalb des familiären Rahmens – wo es so leicht verstanden wurde – mit der Notwendigkeit konfrontiert würde, sich anderen verständlich zu machen.

Doch es kam anders: Einige Wochen nach seiner Einschulung wurde der Junge nun weder in der Schule noch zu Hause mehr verstanden. Den Kreuzweg, der dann folgte, kann man sich leicht vorstellen. »Was sollte ich machen?«, sagte die Mutter. »Alle Erzieher schlugen nichts als Drillen vor: Sie wollten gewaltsam die Sprache in ihn zwingen, ihn unablässig arbeiten lassen, bis es ihm gelinge, einigermaßen korrekte Sätze aufzubauen.

Sieben Jahre solcher Therapien bei verschiedenen Logopäden führten zu keiner deutlichen Besserung. Zwar leidet die Mutter darunter, dass alle Therapien ständig weiter weg von einer eigenständigen Entwicklung geführt haben. Doch die Spezialisten drohen damit, ihrem Sohn würde sonst das Lesen und Schreiben für immer unzugänglich bleiben. »Ich habe Angst, nachlässig zu sein, wenn ich ›nichts‹ mehr mache, und gleichzeitig möchte ich, dass mein Sohn er selbst sein kann, ihm alle Chancen geben, sich in seinen persönlichen Farben zu verwirklichen. Bedeutet das denn wirklich, dass wir dann das Risiko auf uns nehmen würden, ihn vom Lesen fernzuhalten?«

Heute spricht der Dreizehnjährige kaum, kann weder lesen noch schreiben, kapselt sich immer mehr ein, will nichts mehr als in seine Computerspiele eintauchen.

Ich glaube nicht, dass dieses Kind eine Behinderung hat. Und auch wenn dieser Junge eine tatsächliche Behinderung gehabt haben sollte, so wissen wir inzwischen, dass das nicht bedeutet, dass er seine unzähligen Potenziale nicht entfalten kann. Pablo Pineda, der erste Europäer mit Down-Syndrom, der einen Hochschulabschluss machen konnte, liefert uns dazu ein eklatantes Exempel. Der Neurobiologe Gerald Hüther erzählt von einem anderen spektakulären Beispiel: »Eine Frau kam wegen irgendwelcher Kleinigkeiten zum Arzt. Bei der Anamnese stellte sich heraus, dass sie als Zweijährige eine schwere Gehirnentzündung gehabt hatte, die drohte, von der linken Hirnhälfte auf die rechte überzugreifen. Die Ärzte wussten sich damals keinen anderen Rat, als ihr die halbe Hirnrinde herauszunehmen. Der Neurologe, dem sie das nun erzählte, konnte das nicht glauben. Es war nämlich die linke Seite, die herausgenommen wurde, und dort sitzt bei Rechtshändern das Sprachzentrum. Trotzdem war die Frau zweisprachig aufgewachsen und konnte auch alles andere, was dort verankert war. Das ist Plastizität: Das menschliche Hirn ist so formbar, vor allen Dingen während der frühen Kindheit, dass selbst solche großen Ausfälle kompensierbar sind – vollständig und für andere Menschen gar nicht merkbar.«

Im Übrigen antwortete die Mutter des »sprachgestörten« Kinds auf die Frage, ob es nicht etwas gäbe, das ihren dreizehnjährigen Sohn seit jeher begeistert: »Ja. Schon immer will er Pantomime werden.«

DIE PUBERTÄT IST EINE GLÜCKLICHE, AUFBAUENDE, BERAUSCHENDE ZEIT!

Die Pubertät wird von vielen Eltern mit tiefem Seufzer begrüßt, denn sie gilt als der Zeitabschnitt, in dem das Kind »anders« wird, erwachsen eben. Ich sehe das ganz anders. Für mich ist die Pubertät eine wunderbare Zeit. Das ist der Moment, in dem alle Sinne und alle Fähigkeiten aus den Knospen springen.

Mit vierzig beginnt man sich vielleicht damit abzufinden, dass die Sinne weniger scharf werden, dass manche Fähigkeiten allmählich verblassen; aber mit vierzehn macht man die entgegengesetzte Erfahrung! Nachdem in der Kindheit alles so unendlich lang dauerte, geht alles plötzlich so schnell! Wissen Sie noch, wie viel Zeit verging, bevor der Bleistiftstrich einen Zentimeter höher an der Wand gesetzt werden konnte? Jetzt ist der Körper gewachsen, eh man sich's versah, man ist stark wie noch nie, und man fühlt, wie sich alle Fähigkeiten täglich addieren. Und alles, was sich verändert, ist beglückend, man beobachtet sich im Alltag und ist ständig positiv überrascht.

Die Schuhe, die im Eingang neben denjenigen der Eltern stehen, sind keine Kinderschuhe mehr. Kleider kauft man seit einer Woche nicht

mehr in der Kinderabteilung. Man hilft gerne, schwere Möbelstücke zu tragen, weil man Freude daran hat, jetzt zu denen zu gehören, die schwere Lasten tragen können – man freut sich der neuen Verantwortung. Ängste sind verschwunden, welche doch die vielen Jahre der Kindheit so geprägt hatten: Fremde Orte zum Beispiel beunruhigen nicht mehr. Im Supermarkt befürchtet man nicht mehr, vergessen zu werden ... Stattdessen hat man plötzlich eine bewusste Sexualität; man entdeckt, dass die ständigen Andeutungen – oder Verschweigungen – im eigenen Bezugssystem eine Relevanz haben. Die Pubertät ist eine glückliche, aufbauende, berauschende Zeit!

»Was, noch immer nicht abgenabelt?«, musste ich mir noch als Fünfundzwanzigjähriger anhören. Doch abnabeln wovon? Ich musste meine Unabhängigkeit nicht erst erringen, denn ich habe sie immer besessen! Ich musste keine Aufmerksamkeit auf mich lenken, die mir schon immer zuteilwurde. Verantwortung in eigenen und familiären Bereichen trug ich lange schon vor der Pubertät. Meine Vorbilder in dieser Zeit waren nicht die Jungs aus der Peergroup (diese geniale Erfindung, durch welche es gelungen ist, die Rebellion konform zu machen, mit etablierten Livreen und tradierten Verhaltensmustern), sondern all die verschiedenartigen Menschen um mich herum.

Gerald Hüther
Über das Glück, ein günstiges Vorbild für den eigenen Bildungsprozess gefunden zu haben

Wer noch nicht weiß, worauf es im Leben ankommt, braucht andere, die ihm helfen, seinen Weg zu finden. Das gilt bereits für alle Tiere, die mit einem lernfähigen Gehirn zur Welt kommen, und das gilt erst recht für Menschenkinder, die ja noch so ziemlich alles von anderen lernen müssen, um später ein selbstständiges und selbstverantwortliches Leben als Mitglieder einer menschlichen Gemeinschaft führen zu können. Entscheidend für das, was wir von anderen Personen beim Heranwachsen und auch später im Leben lernen, ist aber nicht all das, was diese anderen wissen, können und tun.

Entscheidend ist das, was diejenigen Personen wissen und können, die einem Kind, einem Jugendlichen oder einem Erwachsenen wirklich wichtig sind. Nur von denen, die aus der subjektiven Perspektive des Lernenden bedeutsam sind, mit denen er oder sie sich in tiefer Weise verbunden fühlt, wird ein Heranwachsender oder ein Erwachsener all das übernehmen und sich selbst zu eigen machen, was diese andere Person weiß und kann, was sie an eigenen Erfahrungen, Vorstellungen, Überzeugungen entwickelt hat und in ihrem Handeln zum Ausdruck bringt.

Nicht alle anderen, sondern nur diejenigen, mit denen ein Heranwachsender sich in dieser Weise emotional verbunden fühlt, werden ihm zu einem Vorbild. Anfangs sind das meist die eigenen Eltern, auch Geschwister oder andere Familienangehörige. Später bisweilen noch einzelne Lehrer, sehr schnell werden es aber all jene, die von dem betreffenden Kind oder Jugendlichen aufgrund bestimmter Fähigkeiten und Leistungen oder aufgrund der herausragenden Stellungen und Positionen, die sie in der Gemeinschaft erlangt haben, entsprechend bewundert und als Vorbilder betrachtet werden. Sie werden als Orientierung bietende Leitbilder für das eigene Denken und Handeln und für die eigene weitere Entwicklung ausgewählt. Was alle anderen – bisweilen auch die eigenen Eltern, Erzieher und Lehrer – denken und tun, wird dann – gemessen an dem, was diese jeweiligen bewunderten Vorbilder machen und zum Ausdruck bringen – zunehmend unbedeutend.

Diese Orientierung des eigenen Denkens und Handelns, der eigenen Vorstellungen, Überzeugungen und Haltungen an zunächst elterlichen, familiären und zunehmend auch anderen, außerfamiliären und außerschulischen Vorbildern ist durchaus zweckmäßig und hilft Heranwachsenden, sich all das in einem eigenen Lernprozess anzueignen, was sie zunächst zu Hause, in der Schule und im Zusammenleben mit anderen (in ihrer jeweiligen Peergroup) brauchen. Problematisch wird diese Übernahme der jeweiligen Vorstellungen und Verhaltensweisen dieser Vorbilder aber immer dann, wenn sie die weiteren Entwicklungsmöglichkeiten der betreffenden Heranwachsenden nicht erweitern, sondern verengen.

Das kann bereits im Elternhaus der Fall sein. Dann ist es ein Glück, wenn das betreffende Kind in der Schule auf Lehrpersonen oder Mitschüler trifft, die es als Vorbilder betrachtet und die ihm helfen, seinen Horizont zu erweitern, die sein Interesse am Lernen und dem Erwerb von Wissen und Können, auf das im Elternhaus kein Wert gelegt wurde, wieder wecken. Leider sind solche glücklichen Umstände selten. Häufiger gewinnen in den Schulen und weiterführenden Bildungseinrichtungen sehr fragwürdige Vorbilder unter den Gleichaltrigengruppen eine besonders bewunderte und herausragende Stellung. Oft sind es auch über die Medien als besonders bedeutsam dargestellte Personen, Popstars, Schauspieler, Fußballer etc., die von der Mehrzahl der Mitglieder jugendlicher Peergroups als Orientierung bietende Vorbilder bewundert und wertgeschätzt werden. Das Bedürfnis, zu diesen Gemeinschaften dazuzugehören und von deren Mitgliedern anerkannt zu werden, ist dann bisweilen so stark, dass diese Jugendlichen bereit sind, die jeweiligen Verhaltensweisen, Vorstellungen und Überzeugungen der Mitglieder ihrer Peergroup zu übernehmen und sich zu eigen zu machen – selbst dann, wenn sie dadurch ihre weiteren Entwicklungsmöglichkeiten, ihre Offenheit und ihre Beziehungsfähigkeit stark einschränken. Eltern und Angehörigen bleibt angesichts dieser in ihren Augen unverständlichen Verhaltensweisen oft nur die Hoffnung, dass ihre Kinder möglichst bald wieder »zur Vernunft« kommen.

All das ereignet sich »in der Schule«, aber es hat mit der Schule nur insofern etwas zu tun, als es in den meisten Schulen nicht gelingt – und auch nicht als Aufgabe des Lehrpersonals betrachtet wird –, Einfluss auf die Herausbildung solcher, von fragwürdigen Vorbildern geleiteter Peergroups zu nehmen. Es gehört also viel Glück oder sehr viel Selbstvertrauen und Reflexionsfähigkeit dazu, um der verführerischen Anziehungskraft derartiger Gemeinschaften zu entgehen.

Kaum selbst steuerbar und gänzlich von glücklichen Umständen abhängig ist es für Heranwachsende, in der Schule auf Lehrerpersönlichkeiten zu treffen, die – trotz der dafür enorm ungünstigen Voraussetzungen in unserem gegenwärtigen Schulsystem – in der Lage sind, sie in ihrer Einzigartigkeit zu sehen, ihnen von Subjekt zu Subjekt zu begegnen und sie nicht zum Objekt ihrer Erwartungen, Belehrungen, Bewertungen und sonstigen Maßnahmen zu machen. Nur solche Lehrerpersönlichkeiten könnten von den betreffenden Schülern als Orientierung bietende Vorbilder für die eigene Persönlichkeitsentwicklung betrachtet werden. Auch sie sind leider sehr selten und werden nicht zwangsläufig durch unsere gegenwärtige Lehrerausbildung hervorgebracht.

So bleibt die Familie, der Vater oder die Mutter oder ein anderes Familienmitglied, als Orientierung bietendes Vorbild für jedes in unsere Gesellschaft hineinwachsende Kind. Aber auch im engen

Kreis ihrer Familie haben nicht alle Kinder das Glück, verständnisvoll gesehen, liebevoll begleitet, kompetent unterstützt, eingeladen, ermutigt und inspiriert zu werden. Wie hat es bereits Albert Einstein so treffend zum Ausdruck gebracht? »Kinder kann man nur erziehen, indem man ihnen ein Vorbild ist. Und wenn es nicht anders geht, wenigstens ein schlechtes!« Das wäre leichter, wenn Eltern ihre Kinder so lieben könnten, wie sie sind. Dann würde endlich die Last von ihnen abfallen, etwas aus ihnen machen zu wollen. Mit solchen Eltern hätten Kinder dann sehr viel Glück gehabt.

Gerald Hüther,
geboren 1951, ist Professor für Neurobiologie an der Universität Göttingen und Leiter der »Akademie für Potentialentfaltung«. Wissenschaftlich befasst er sich mit dem Einfluss früher Erfahrungen auf die Hirnentwicklung, mit den Auswirkungen von Angst und Stress und mit der Bedeutung emotionaler Reaktionen. Er ist Autor zahlreicher wissenschaftlicher Publikationen und populärwissenschaftlicher Darstellungen.

BENJAMIN, MEIN KLEINES MAIGLÖCKCHEN, HEUTE SIEBEN WOCHEN ALT

Es ist erstaunlich, wie viel und genau Du schon kommunizierst. Das hatten wir überall immer wieder gelesen, aber es zu erleben, eröffnet neue Dimensionen.

Dein Weinen ist ein präzises Kommunikationswerkzeug. Wenn es erscheint, dann gibt es viele Nuancen, und es fasziniert mich, sie zu entdecken. Jede Nuance signalisiert etwas anderes, und oft genügt es Dir, dass wir die Botschaft verstanden haben und entsprechend zu handeln beginnen, um Dich zu beruhigen. Das Gewicht der Rituale, das Vertrauen, das sie Dir verleihen. Du fühlst diese Reihenfolge, die Dich beruhigt: Signal – Reaktion – positive Änderung der Lage durch eine Dir inzwischen vertraute Handlung.

Ab und zu verstehen wir eine Nuance nicht sofort, es kommt die Botschaft nicht an, so intensiviert sich Dein Weinen, es ist quasi die Steigerung der Dringlichkeit der Botschaft – und das würden viele als Wut deuten, dabei fühle ich darin eine anschwellende Verzweiflung, nicht verstanden zu werden.

Auch hier also keine Willkür! Keine Laune, kein Zufall.

Das steht so sehr im Widerspruch mit allem Etablierten, mit all den Maßnahmen der improvisierten Pädagogen, denen man überall im Alltag begegnet – denn jeder autoproklamiert sich als den kleinen Erzieher, auf der Straße, im Laden, im Taxi ...

Wenn ein Kind weint, fühlen viele Eltern in all ihren Fasern den Impuls, dem Kind beizustehen. Trotzdem folgen sie dem Rat von Pädagogen: »Lass es - es muss lernen, dass Weinen nichts bringt!« Und das funktioniert auch. Irgendwann weint das Kind nicht mehr. Es hat das Vertrauen verloren, dass ihm geholfen wird.

Ein Kind, das nichts zu melden hat, weint nicht. Das ist so simpel, dass man es kaum zu sagen wagt.

Das erinnert mich an die zweite Taxifahrt nach Deiner Geburt ...

Der Fahrer zeigt seinen sympathischen Enthusiasmus dafür, dass ich gestern wieder Vater geworden bin (denn Männer werden bekanntlich erst Väter, wenn ihre Kinder geboren sind), indem er mir – wie die meisten anderen – gratuliert, als ob ich irgendwas vollbracht oder gewonnen habe.

Anschließend und sehr wohlmeinend will er mit mir seine Erfahrung teilen. Ein großer Spezialist habe ihn und seine Frau nach der Geburt beraten. »Sie müssen wissen«, sagt er mir mit Stolz, »dass Kinder schon ab dem zweiten Tag trotzig sind und die ersten Wutanfälle haben. Wenn man ihnen nicht schon dann zeigt, wer hier das Sagen hat, übernehmen die Kinder die Kontrolle. Das haben wir mit meiner Frau entsprechend gehandhabt, und unsere Kinder haben demzufolge viel schneller als die anderen durchgeschlafen!«

Im großen Kessel der sozialen Realität herrscht die größte Vielfalt an Altersstufen, Herkunft, Religionen, Hautfarben und Talenten. Nicht die Daten des Personalausweises führen die Menschen zusammen, sondern ihre Interessengemeinschaften und die Möglichkeit, durch das Zusammenkommen vieler Kompetenzen größere Ziele zu erreichen. Die anderen sind keine Konkurrenten, sondern mögliche Partner für Synergien. Das bedeutet das Ende des Gegeneinanders und die Rückkehr des Miteinanders.

6. DIE OFFENHEIT DES HERZENS

Ich war nie in der Schule, und viele Begriffe, die in unserer Gesellschaft als selbstverständlich gelten, sind es für mich nicht. Viele »-ismen« zum Beispiel gehören nicht zu meiner Muttersprache. Ich bin fern von Rassismus, Sexismus, Agismus und Speziesismus aufgewachsen und kann all diese Begriffe heute nur rein rhetorisch verstehen, aber nicht »körperlich«.

Der Unterschied in der Behandlungsweise zwischen Kindern, »Erwachsenen« und Senioren ist mir immer schon rätselhaft gewesen. Und als Kind habe ich mich häufig gefragt, warum es für kriminell gehalten wird, ein Kind zu essen, aber nicht ein Kalb? Kinder identifizieren sich nicht weniger mit Tieren als mit Menschen, sie betrachten alle als empfindende, vollgültige Subjekte.

Ich habe in ständigem Kontakt und Austausch mit anderen Menschen gelebt, manche waren jünger, manche älter. Die gegenseitige Bereicherung ergab sich gerade aus diesem vielfältigen und kosmopolitischen Umfeld. Ich durfte meine Freunde wählen, so wie auch sie mich gewählt haben. Das Leben, unsere Wege, Interessen und Fähigkeiten führten uns zusammen – Wahlgemeinschaften also. Gemeinschaften aus Gemeinsamkeiten.

Das Leben auf der Erde ist eine wimmelnde Gemeinschaft aller Erscheinungen der Natur. Erscheinungen, die nur eines gemeinsam haben: ihre totale Verschiedenartigkeit ... Wo Respekt ist, findet jeder seinen Platz und seine Unentbehrlichkeit.

WAS IST MÄNNLICH, WAS WEIBLICH?

Die übliche Unterteilung zwischen Männlichem und Weiblichem gehörte nicht zu den Paradigmen, mit welchen ich aufgewachsen bin. Mein Vater war keine Versorgungsstelle für männliches Verhalten, Virilität oder Autorität, er war kein Bestrafer, kein Konfliktpartner, sondern verkörperte den liebenden, einladenden, ernst nehmenden, ermutigenden Familienchef, genau wie meine Mutter. Es gab keinen Anlass, sich aus geschlechtlichen Gründen mehr an den Vater oder eher an die Mutter zu wenden oder sich mehr mit dem einen als mit der anderen zu identifizieren, um besser zu verstehen. Beide waren einfach ein unentbehrlicher Teil unserer Konstellation: Ich kann mir bis heute meinen Vater nicht ohne meine Mutter vorstellen. Die Unterscheidung zwischen Männlichem und Weiblichem gab es nicht. Ich spielte genauso gerne Geschirrspülen wie Motorradfahren. Eisenbahn spielte ich mit Maman, und Papa machte mit mir Kleider oder Möbelstücke für meine Puppe.

Meine nie infrage gestellte Freiheit meinen Gefühlen gegenüber erlaubt mir heute noch Empfindungen, die »für Männer unüblich« sind: Zum Beispiel in den ersten Wochen meines neugeborenen Sohnes Antonin, als ich meine bedingungslose väterliche Liebe entdeckte.

»Schläft das Kind jetzt durch?«, ist eine Standardfrage, die sich junge Eltern schon nach zwei Wochen immer wieder anhören müssen. Ich aber stand gerne in der Nacht wegen Antonin auf! Weil auch in dieser Hinsicht kein Druck herrschte, sondern Vertrauen und Geborgenheit, schlief Antonin nach »erstaunlich« wenigen Wochen durch. Aber ich stehe heute noch manchmal in der Nacht auf, um zu sehen, ob er bequem liegt und regelmäßig atmet. Seine bedingungslose Entspannung, die Süße seiner Locken, sein sanfter Atem berühren und beruhigen mich.

Väter, Männer! Opfert diese erdenden Gefühle nicht einer angelernten Virilität, einer fremd auferlegten Härte – Männer haben genau dieselben Gefühle wie Frauen und genau dasselbe Recht, sie zu leben und zu äußern. Als Sohn, Ehemann und Vater möchte ich Männern und angehenden Vätern sagen: Alles, was ihr allgemein über Ödipus, Männlichkeit, Vaterwerden, Vatergefühle, Vaterbild, Vaterrolle und Vaterfunktion gehört oder gelesen habt, ist größtenteils falsch.

Es ist Zeit für »Männlichkeit reloaded«. Es ist Zeit für anderes, das uns dazu anregt, überhaupt Lust auf Neues zu haben! Die Probleme dieser Welt lassen sich nicht durch dieselben Einstellungen lösen, die sie verursacht haben. Die in der Vergangenheit entstandenen Rollenbilder von Männern und Frauen sind unbrauchbar geworden. Wir brauchen ein neues Selbstverständnis der beiden Geschlechter.

Diese Erweiterung des Horizonts regt uns dazu an, die eigene Geschichte zu respektieren, und die eigenen Wege, auch wenn sie weit weg von allen Gepflogenheiten oder Vorschriften sind, als relevant zu betrachten. Statt unsere Geschichte mit konventionellen Farben zu malen, werden wir dazu eingeladen und ermutigt, sie als die unvoreingenommenen Weltentdecker zu sehen, die wir als Kind waren. Wir werden eingeladen, ermutigt und inspiriert, uns als Gestalter unserer eigenen Lebenswelt auf den Weg zu machen. Heute noch, für morgen.

*
* *

In Paris gehen wir oft mit Antonin in den Park, der um die Ecke liegt. Dort gibt es einen Spielplatz mit einer Schaukel und einer Rutschbahn, die Antonin sehr mag. Am frühen Nachmittag herrscht dort eine gewisse Ruhe. Einige Tagesmütter sind da, mit schlafenden Säuglingen oder mit sehr jungen Kindern, die behutsam, langsam und leise spielen und entdecken. Antonin ist ein Riese unter ihnen, doch verlaufen die Spiele und die Begegnungen sehr harmonisch. Er kennt keine Altersdiskriminierung.

Um vier Uhr tauchen die Kindergartenkinder auf. Sie tauchen nicht auf, sie überfallen den Platz. Kaum sind sie da, schon ist der Ort ein Schlachtfeld. Überall wird um die Wette geschupst, geschrien, gehetzt und gestresst. Mit seiner rücksichtvollen Art findet Antonin auf der Rutschbahn keinen Platz mehr: Dort geht es nur noch darum, wer die anderen sowohl auf der Treppe wie auf der Bahn überholen kann.

Stress ist nicht angeboren. Stress wird uns beigebracht.

Ken Robinson

Kinder lernen von Natur aus – und doch ermüden viele in diesem Prozess, wenn sie die Schule durchlaufen. Ein Grund dafür ist, dass die Rituale der Erziehung nicht mit den Rhythmen ihrer Neugierde in Resonanz stehen. André Stern ist die Verkörperung des natürlichen Lernens und der natürlichen Verwirklichung. Er zeigt, wie alle Kinder gedeihen können, wenn wir ein tieferes Verständnis dafür entwickeln, wie sie lernen und warum, und wenn wir ihnen die besten Bedingungen für ihr Wachstum und ihre Entwicklung zur Verfügung stellen.

Sir Ken Robinson,
geboren 1950 in Liverpool. Die Videos seiner TED-Beiträge in den Jahren 2006 und 2010 wurden bisher weltweit rund 30 Millionen Mal angeklickt, sein Vortrag »How schools kill creativity« ist der meistgesehene Beitrag in der Geschichte der TED-Konferenzen. Sein Buch »The Element: How Finding Your Passion Changes Everything« ist ein New-York-Times-Bestseller und wurde in 22 Sprachen übersetzt. Ken Robinson war Professor an der University of Warwick und hat mit Regierungen, Konzernen und NGOs auf der ganzen Welt zusammengearbeitet. 2003 wurde er von Queen Elizabeth II. für seine Verdienste zum Ritter geschlagen. Er lebt mit seiner Familie in Los Angeles.

Ich ging nie von der Frage aus »In welchem Fach bin ich schlecht?«, um zu entscheiden, wo zu üben war, sondern tat das genaue Gegenteil: Ich durfte dort üben, wo ich aus Begeisterung schon gut war, damit ich noch besser würde. Im Lauf meiner Geschichte konnte ich dann erfahren, dass die gelebte Begeisterung eine Nebenwirkung besitzt: die Kompetenz. Und dass die Kompetenz auch eine Nebenwirkung hat: den Erfolg. Welch eine Erleichterung, davon zu erfahren, dass man sich vom gesellschaftlichen Druck des Erfolg-haben-Müssens befreien kann, zugunsten einer uns allen zugänglichen individuellen Begeisterung!

7.
BEGEISTERUNG STATT BEDIENUNGSANLEITUNG

Zur zentralen Rolle der Begeisterung sagt die Hirnforschung Folgendes, hier ein Zitat von Gerald Hüther: »Zwanzig bis fünfzig Mal am Tag erlebt ein Kleinkind einen Zustand größter Begeisterung. Und jedes Mal kommt es dabei im Gehirn zur Aktivierung der emotionalen Zentren. Die dort liegenden Nervenzellen haben lange Fortsätze, die in alle anderen Bereiche des Gehirns ziehen. An den Enden dieser Fortsätze wird ein Cocktail von neuroplastischen Botenstoffen ausgeschüttet. Diese Botenstoffe bringen nachgeschaltete Nervenzellverbände dazu, verstärkt bestimmte Eiweiße herzustellen. Diese werden für das Auswachsen neuer Fortsätze, für die Bildung neuer Kontakte und für die Festigung und Stabilisierung all jener Verknüpfungen gebraucht, die im Hirn zur Lösung eines Problems oder zur Bewältigung einer neuen Herausforderung aktiviert worden sind.«

Das ist der Grund, warum wir bei all dem, was wir mit Begeisterung machen, auch so schnell immer besser werden. Jeder kleine Sturm der Begeisterung führt gewissermaßen dazu, dass im Hirn ein selbst erzeugtes Doping abläuft. Es werden all jene Stoffe produziert, die für Wachstums- und Umbauprozesse im Gehirn gebraucht werden, sagt Hüther: »So einfach ist das: Das Gehirn entwickelt sich so, wie und wofür es mit Begeisterung benutzt wird.«

Wenn ich dann aber durch die unzähligen Ratgeber und »Bedienungsanleitungen« blättere, die Eltern heute kaufen, dann frage ich mich immer wieder, warum sie Kinder als eine Kategorie von heimtückischen Gaunern behandeln, die zu üblen Wiederholungstätern entarten, wenn man sie nicht sofort umerzieht und in die richtige Bahn lenkt.

LIEBE GEGEN LEISTUNG

Ein sieben- bis achtjähriges Mädchen folgte leise weinend seiner Mutter durch die Abteilungen eines Supermarkts. »Mama«, sagte sie unter Tränen, »ich schwöre es dir, ich habe mich angestrengt, ich habe mich angestrengt! Aber ich habe das Ganze nicht verstanden! Ich konnte keine bessere Note schreiben!« Und sie begann laut zu schluchzen. Als die Mutter sich endlich umdrehte, wollte das Kind in den Armen der Mama Geborgenheit suchen. Doch die schob sie mit verschlossenem Gesicht weg und sagte streng: »Pass das nächste Mal besser auf! Schreib eine bessere Note, dann wollen wir wieder über Kuscheln sprechen. Aber eine schlechte Note in Mathe kommt mir nicht mehr ins Haus!«

Das sind keine Bedingungen, wie sie die Hirnforschung als erstrebenswert darstellt.

Das ist das Modell »Liebe gegen Leistung«, weit verbreitet. Vielen Eltern ist es gar nicht bewusst, was sie da machen, weil sie es selbst nur so erfahren haben. Kinder aber fühlen sich in ihrem Ich schlecht, weil sie zwischen sich und der schlechten Note keine Trennung sehen.

DIE VERNICHTUNG DER BEGEISTERUNG

Für mich ist es einfach nicht logisch, dass, wenn das Resultat von der Zusammenkunft eines Schulsystems und eines Kindes ungünstig ist, der Fehler immer wieder und nur beim Kind gesucht wird. Ich hatte aber auch die Möglichkeit, sechs Stunden pro Tag ungestört Deutsch zu lernen, niemand sagte nach fünfundvierzig Minuten, die Zeit sei um, ich solle jetzt Mathe oder Bio lernen.

Jede unterbrochene Tätigkeit konnte dort nahtlos fortgesetzt werden, wo sie unterbrochen wurde. Ich musste nicht das Ins-Bett-Gehen so weit wie möglich verschieben, um noch ein wenig spielen zu können, denn ich wusste: Morgen früh kann ich weiterspielen, muss nirgendwohin gehen, und aufgeräumt muss die große Lego-Farm nicht werden, bis das Spiel vorbei ist.

BENJAMIN, MEIN KLEINES MAIGLÖCKCHEN, HEUTE SIEBENEINHALB WOCHEN ALT

Es ist ergreifend, wie wichtig jetzt schon Rituale und Rhythmen sind und wie sichtlich sie Dir Halt und Vertrauen geben.

Dieselben Dinge, am selben Ort, die zum selben Zeitpunkt kommen.

Diese Rhythmen und Rituale münden jetzt schon in Sprache. Welch eine Entdeckung!

In gewissen Abständen (also in einem erkennbaren Rhythmus) meldest Du Harndrang durch eine gewisse Art des »Weinens«. Die Antwort dazu ist ein Ritual mit einer inzwischen vertrauten Kette von Handlungen an einem genauen Ort. Und Teil unseres Rituals ist, dass Mama oder Papa sagen: »Psssss ... Pipi ...?«

Es ist dann unübersehbar, wie deutlich Du kombinierst, dass dieser Klang in Verbindung steht mit diesem Gefühl und dieser Änderung der Lage.

Diese Rituale – die eigenen, diejenigen der Familie, diejenigen der Gesellschaft – strukturieren jetzt schon Deinen Horizont. Sie geben Dir Orientierung, sie geben Dir den sicheren Hafen, aus dem Du ohne Angst in die weite Welt schaust.

Freiheit und Autonomie wurzeln in der Verbundenheit.

Sabine Kriechbaum und Erwin Wagenhofer
Ein paar Gedanken über absurdes Ausgrenzen und Verbundenheit als Überlebensfrage

Der weltbekannte britische Astrophysiker Stephen Hawking erklärte in einem kürzlich erschienenen Interview, dass die Überlebensfähigkeit der Menschheit davon abhängen wird, ob sie sich ihre Empathie-Fähigkeit bewahren kann. Für jemanden, der sich Zeit seines Lebens mit theoretischer Physik und komplexer Mathematik auf höchstem Niveau beschäftigt und der sich selbst als Agnostiker ausgibt, ist das eine bemerkenswerte Aussage. Sind doch Begriffe wie Empathie, Mitgefühl, Verbundenheit, ja gar Liebe für die strengen Naturwissenschaften tabu und werden daher auch nicht untersucht oder gar beforscht. Hawking führt weiter aus, dass Computer und humanoide Roboter alles besser können werden – und können das zum Teil jetzt schon – als wir Menschen, doch eines wird ihnen nie möglich sein: Sie werden nie Einfühlungsvermögen entwickeln können.

In einer anderen wissenschaftlichen Disziplin, nämlich der Neurobiologie, wird seit vielen Jahren in unzähligen Versuchen nachgewiesen, was Menschen, die das Herz am rechten Fleck haben, seit eh und je wissen: Vor allem wir Menschen sind miteinander viel mehr verbunden, als uns das bewusst ist!

Warum kommt es dann gerade jetzt zu einem derartigen unmenschlichen Umgang unter so genannten zivilisierten Verhältnissen, zu einer derartigen Anhäufung von kriegerischen Handlungen, zu terroristischen Selbstmordanschlägen, zu einer Explosion von Hass, wie sie die Welt nicht mehr für möglich gehalten hat? Weil wir nicht stark und mutig genug sind, um danach zu handeln, was wir spüren, fühlen und endlich auch wissen! Weil wir uns seit gut 40 Jahren von einer Ideologie treiben lassen, die Konkurrenz und Wettbewerb zum obersten Ziel erklärt hat und somit auch Angst, Verzweiflung und letztlich Elend bei jenen produziert, die ausgegrenzt werden und deren Zahl täglich zunimmt. Diese Ideologie hat uns in Angststarre versetzt, wir flüchten in die Abschottung, erniedrigen uns damit selbst und kränken die anderen, die Zurückgewiesenen, mit denen wir uns nicht verbunden fühlen.

Der österreichische Psychiater, Psychotherapeut und Neurologe Reinhard Haller hat in seiner langen Berufslaufbahn als Gerichtsgutachter nachgewiesen, dass den großen Verbrechen meist eine simple Ursache vorausgegangen ist: eine Kränkung, meist eine Kränkung durch Ausgrenzung, also durch das Gegenteil von Verbundenheit.

Doch wie lässt sich Mitgefühl aktivieren, wo wir doch gewohnt sind, vor vielem den Blick abzuwenden und lieber nicht hinzuschauen? In einem Video-Experiment namens »Look Beyond Borders« kann man sehen, dass wenige Minuten genügen, um selbst zwischen einander völlig fremden Menschen ein hohes Maß an Verbundenheit herzustellen. Jeweils zwei Personen werden gebeten, einander gegenübersitzend vier Minuten lang Augenkontakt zu halten. Jeder kann es selbst ausprobieren: Nach dieser kurzen Zeit sitzen sich keine Fremden mehr gegenüber! Durch den Augenkontakt findet eine ungeahnte Intimität statt, die niemand ausblenden kann, wenn der Blick nicht abschweift. Meist zeigen sich intensive Gefühle, die Menschen lächeln einander an oder beginnen ob ihrer Berührtheit zu weinen. Menschen, die noch nie ein Wort miteinander gewechselt haben, können nicht umhin, einander zu umarmen.

Warum? Die Augen eröffnen uns einen tiefen Blick in die Innenwelt des jeweiligen Gegenübers, wir erkennen den Menschen (und auch uns selbst im Spiegel) mit all seinen Sehnsüchten, Schmerzen und Träumen ... und seiner Liebe!

Auf diese Weise schwindet jegliche Anonymität und Abgrenzung und auch die Angst vor dem Fremden, da ein Funke von einem zum anderen übergesprungen ist, der uns eine ungeahnte Nähe und sogar Liebe fühlen lässt.

Sabine Kriechbaum,
geboren 1969, Architekturstudium in Wien. Nach kurzen Ausflügen in die Welt der Architektur verlagerte sich ihr Berufsfeld zu Theater und Film. 2009 bis 2013 Arbeit am Filmprojekt »Alphabet«; 2013 Buch »Alphabet – Angst oder Liebe« mit Erwin Wagenhofer und André Stern. Aktuell arbeitet sie an einem weiteren Filmprojekt gemeinsam mit Erwin Wagenhofer. Sie lebt in Wien und ist Mutter zweier erwachsener Töchter.

Erwin Wagenhofer,
geboren 1961, ist freischaffender Autor und Filmemacher. Sein erster Dokumentarfilm fürs Kino, »We Feed the World« (2005), erreichte europaweit 800.000 Besucher. Es folgten »Let's Make Money« (2008), der Spielfilm »Black Brown White« (2011) sowie »Alphabet« (2013). Wagenhofers Filme wurden mehrfach international ausgezeichnet, unter anderem erhielt er 2009 den Deutschen Dokumentarfilmpreis. Erwin Wagenhofer ist Vater zweier Töchter.

Kinder zeigen uns immer ihre Ernsthaftigkeit. Und wir sind diejenigen, die diese Ernsthaftigkeit ernst nehmen und ihr mit entsprechender Ehrlichkeit begegnen können.

8.
DIE ERNSTHAFTIGKEIT DER KINDHEIT

Solange die Menschen ihren Blick auf das Spiel, also seine Bewertung nicht verändern, bleibt es für alle etwas nicht wirklich Ernstes. Ich plädiere nicht dafür, das Leben nicht ernst zu nehmen: Es geht darum, dass man das Spiel ernst nimmt!

Nein, wir werden nicht für immer Kinder bleiben, aber wenn die Entwicklung eine kontinuierliche aus den Veranlagungen des Kindes stammende ist, entstehen daraus andere »Erwachsene«.

Es ist nicht wahr, dass die Welt früher weniger »kinderfreundlich« war: Stattdessen wurden weniger Unterschiede gemacht, und Kinder gehörten zum Alltag. Es wurden keine gesonderten Orte für sie organisiert. Heute sieht man fast keine Kinder mehr auf der Straße – dafür ist ein ganzer Markt an »Kinderangepasstem« entwickelt worden, der viel Profit abwirft und für viel Konsum, Kurzlebigkeit und entsprechenden Abfall sorgt.

Es ist interessant festzustellen, dass es einen entscheidenden Unterschied macht, ob man von den Erwachsenen und ihren Ideen darüber, was dem Kind entspricht, ausgeht, oder ob man wirklich vom Kind ausgeht.

Dazu zwei Beispiele:

1. »Divergent thinking«, das Genie der Kinder, verwandelt den erstbesten Apfelkern in ein kostbares Schmuckstück, das unübersehbar

überzeugend in seiner Aufrichtigkeit ist. Das war intrinsisch, das kam vom Kind. Dem gegenüber wirkt die Karte peinlich, auf der das Kind am Muttertag beauftragt wurde, eine Verzierung aus dürren Bohnen für die Mama zu basteln ...

2. Dieses andere, äußerst assoziative Denken der Kinder bringt sie dazu, eine Kartonschachtel als Auto zu betrachten oder ein Stück Holz als Lenkstange zu benutzen und dabei ein ganzes Motorrad zu besitzen. Manchmal bedarf es gar keiner Gegenstände, es genügt, aus einer imaginären Teekanne in eine imaginäre Tasse Tee zu gießen, mit der flachen Hand Kuchen zu servieren und dann zu kauen, um die Konditorei perfekt zu simulieren.

Aber wenn es um angeschaffte Spielsachen geht, suchen Kinder nach einer möglichst naturgetreuen Nachahmung. Ich weiß noch, wie beleidigend ich Autos in bewusst falschen Proportionen und Farben empfand. Ich fand sie weder »cool« noch spielgerecht, sondern nur »nicht naturgetreu«. Ich bevorzugte immer die Modellautos, bei denen die Türgriffe nicht nur angedeutet, sondern dreidimensional als Reliefs vorhanden waren. Wie enttäuscht war ich, als ich merkte, dass die Sicherheitsgurte des großen Mercedes SL aus einem einheitlich schwarzen Material waren und somit die Schnallen nicht silbrig. Oder als die Rücklichter alle aus einem Guss waren, nur rot, auch die Blinker, die ja hätten orangefarben sein sollen.

Von den angeschafften Spielsachen erwartet das Kind, dass sie die Realität in Kleinformat sind und somit in ihre Welt, in ihre Spiele einfließen können.

Dieser höchste Grad von Realismus ist bei Spielsachen heutzutage immer weniger gegeben.

Ich möchte Sie bitten, einmal zu beobachten, mit welcher Enttäuschung das Kind reagiert, wenn es zum ersten Mal eine dieser grotesken Spielsachen bekommt. Es bekommt einen grellfarbigen Schaumball, obwohl es mit dem großen Fußball vom Papa spielen wollte, ein rosa Plastiktelefon, obwohl es die Mama immer mit dem Smartphone beobachtet. Es will ein Buch wie wir »lesen« – und bekommt etwas Viereckiges mit drei Kartonseiten voller beschämender »Zeichnungen«. Es will zeichnen und bekommt etwas zum Ausmalen – heute sogar mit Schleifpapierkonturen versehen, damit man nicht über den Rand »malt«...

Kinder glauben uns! Wenn wir ihnen diese Undinge des Konsums geben, weil wir denken, dass sie für Kinder »angepasst« sind, dann werden sie es uns auch irgendwann glauben. Sie passen sich an (das ist ihre Veranlagung) und leben damit, dass ihre Ernsthaftigkeit nicht ernst zu nehmen ist. Das konditioniert sie.

Kinder sind geniale Nachahmer, und wenn es nach ihnen ginge, würden sie alles am liebsten möglichst realistisch in ihr Spiel einfließen lassen.

Sie lieben Tiere und bekommen Pokémons. Also lieben sie Pokémons. Und denken in Pokémons. Sie lieben Autos und bekommen »Cars«. Sie lieben Puppen und bekommen Barbies.

Ich war noch ein Kind, als die ersten dieser »Spielsachen« erschienen sind. Ich weiß noch, wie hässlich ich sie fand.

Es ist charakteristisch, dass kein Erwachsener etwa im Bus dabei gesehen werden will, wie er eines dieser bunten Hefte voller moderner »Figuren« liest. Warum sollte für Kinder etwas gut sein, das es für Erwachsene nicht ist? Mögen Kinder diese »Bücher«? Kommen sie wirklich »von allein« mit diesen Heften, damit wir sie ihnen vorlesen? Nein: Kinder mögen Bücher. Kinder mögen, dass wir ihnen etwas vorlesen.

Kinder sind geniale Nachahmer, und wenn es nach ihnen ginge, würden sie alles am liebsten möglichst realistisch in ihr Spiel einfließen lassen. Aber wenn ihre innere Welt keine Relevanz zu haben scheint, so geben Kinder diese problemlos zugunsten dessen auf, was bei ihren Bezugspersonen gut ankommt.

DIE IRONIE DER KINDHEIT GEGENÜBER

Der Ernsthaftigkeit und der Loyalität der Kindheit gegenüber erscheint diese allgemeine Haltung – die wir als »alte Haltung« qualifizieren können – als überraschend ironisch.

Die »alte Haltung« spiegelt sich jedoch nicht nur in diesen Spielsachen. Man findet sie in vielen Kleidern, in Fernsehprogrammen, in Einrichtungen, in ziemlich allem, was für Kinder heute als »angepasst« gilt, wieder. Und besonders auffällig ist sie bei dem sehr verbreiteten Tonfall, mit welchem Kinder angesprochen werden ...

Es gibt einerseits jene Art der Ansprache, die aus Befehlen und Drohungen besteht. Das ist pure, von oben nach unten gehende Machtausübung – insbesondere Kindern gegenüber, die allen Menschen stets auf gleicher Augenhöhe begegnen. So würde heute niemand mehr mit dem Lebenspartner sprechen – nur noch mit den Kindern!

Aber es gibt auch eine viel weniger auffällige, dennoch nicht weniger schlimme Art der Ansprache: die ironische. Weil sie so etabliert ist, weil sie so sehr als Standardtonfall gilt, ist es schwer, sie zu beleuchten.

Als ich bei Werner Schär auftauchte, dem Mann meines Lebens (der im Begriff war, mein Gitarrenbaumeister zu werden), hat er mir ziemlich bald kostbares Instrumentenbauholz in die Hand gedrückt. Und er sagte mir dabei nicht in einem niedlichen, enthusiastischen, miauenden Tonfall: »Oh, weißt du, was das ist? Jaaaaa! Genau, das ist Holz, oh, das weißt du? Und, sag mal, weißt du, wo das Holz herkommt?

Und du, weißt du es? Jaaaaa, das kommt vom Baum! Schön, dass du das weißt! Und, sag mal, weißt du, wo der Baum wohnt? Der wohnt im ... immm ... im Wald, jaaaaa, genau! Oh, also dann habe ich eine gute Idee: Wir gehen alle zusammen in den Zauberwald und suchen uns dort einen magischen Baum aus, damit wir ganz ganz gaaaanz gutes Holz für eine tolle Gitarre haben, jaaa, kommst du mit?!«

Ich war dreiundzwanzig Jahre alt: Hätte er so mit mir gesprochen, hätte ich gedacht, dass er mich für vollkommen bescheuert hält!

Und von Kindern wird erwartet, dass sie etwas ertragen, das wir nicht annehmen würden? Weil es angeblich süß und niedlich ist oder gar als angepasst gilt?

(Manche werden Ihnen sagen, dass man dadurch den Zugang zur Sprache erleichtert. Aber auch das stimmt nicht. Das Erlernen der Muttersprache gilt hirntechnisch als die höchste Leistung im Leben. Durch den »Sondertonfall« wird dieser Zugang jedoch doppelt schwer gemacht: Nicht nur muss das Kind eine Sprache lernen, sondern zwei. Diejenige, die die Erwachsenen unter sich benutzen, und diejenige, die man mit ihm spricht!)

Es ist nicht süßer und nicht niedlicher als der gewaltige Tonfall. In beiden Fällen ist es eine deutliche Ausgrenzung.

Die Ausgrenzung ist das Schlimmste, was wir überhaupt empfinden können. Wenn ich Ihnen einen Fingernagel ausreiße, schmerzt es; aber wenn ich Sie ausgrenze, wenn ich Sie aus einer Gruppe Menschen ausschließe – vor allem, wenn Sie sich danach sehnen, in dieser aufgenommen zu werden –, dann schmerzt es Ihnen noch viel mehr. Das zeigt die Hirnforschung auf eindrückliche Weise.

Kinder wollen dazugehören, sie sehen sich diese Welt voller Verschiedenartigkeit an und wollen Teil davon sein. Katia Saalfrank beschreibt sie als Teamworker. Die Gruppe, der sie angehören wollen, sind wir. Aber mit dieser unserer Ironie ihnen gegenüber geben wir ihnen das Signal, dass sie noch nicht zur Gruppe Menschen dazugehören, mit welcher wir »normal« reden und handeln.

Das ist nicht süß. Nicht niedlich. Nicht angepasst.

DIE VERMARKTUNG DER KINDHEIT

In dieser Gesellschaft, die momentan einen täglich schnelleren, höheren, leistungsorientierteren Lebensstil predigt, erleben wir eine Eskalierung der pädagogischen Absichten und eine Vermarktung der Kindheit. Unsere letzte Freiheit bleibt es aber, uns zu verändern, Überzeugungen zu haben und danach zu leben.

Abrüsten und eine Rückkehr zum Wesentlichen beginnen mit unserer Haltung dem Kind gegenüber: Weniger ist mehr.

Weniger Ironie.
Weniger Material.
Weniger »Angepasstes« oder »Vorbereitetes«.
Weniger Absicht.
Mehr Authentizität.
Mehr Gemeinsamkeit.
Mehr Ehrlichkeit.
Mehr Vertrauen.

Wer sollte damit anfangen, wenn nicht wir?

Kinder haben unglaubliche Detektoren für Hintergedanken. Sie sind loyal, nicht naiv. Wenn sie tun, als ob sie unsere Lügen glaubten, dann nur aus Loyalität.

Kinder sind bestens ausgerüstet für die große weite Welt, alles im Kind ist dafür geschaffen, dass es seinen Platz findet, seine Rolle, seinen Sinn. Wenn das Kind in die weite Welt zieht – und das ist eine weitere spontane Veranlagung –, verändert sich unweigerlich die Welt derjenigen, die ihm begegnen.

9. EROBERUNG DER WELTEN

Antonin hat mit fünf Jahren eine Leidenschaft für Raketen und die Eroberung des Weltraums entwickelt. Gegenwärtig beschäftigt er sich mit nichts anderem, er widmet dem Thema seinen ganzen Tiefgang, seinen Ernst, seine Aufmerksamkeit und seine unergründliche kindliche Ausdauer, mit sagenhaften Auswirkungen auf unser Leben – er prägt damit gerade die ganze Kultur unserer Familie.

Es begann mit einer Frage meiner Frau Pauline am Frühstückstisch. Nach einer Reportage über die bevorstehende Sonnenfinsternis hat sie sich gefragt, wie wohl der Mond entstanden sei. Da ich mich diesbezüglich nicht auf dem neusten Stand fühlte, haben wir im Internet recherchiert und sind dabei dem Impaktor Theia, der möglichen »Mutter des Mondes«, begegnet und einer Menge Informationen, die damit zusammenhängen.

Während wir aus den Quellen des Internets schöpfen, entdecken wir erstaunliche Dokumentarfilme über die Entstehung der Erde und Videos, die den Exoplaneten gewidmet sind. Antonin eignet sich neue Begriffe in rauen Mengen an. Der Prozess ist sichtbar, läuft aber noch in seinem Inneren ab.

Das Raumflugzeug der europäischen Weltraumorganisation ESA war kurz zuvor erfolgreich zur Erde zurückgekehrt, und ich hatte im Netz einen Blick auf das entsprechende Video geworfen. Dank der Algorithmen der Website, die ich besucht hatte, erschienen auf dem Bildschirm kleine Bilder mit Hinweisen auf weitere Videos und Darstellungen von Raketen, rechts neben dem Video, das Antonin gerade angeschaut hatte.

Bis dahin hatte er sich vorwiegend für alles interessiert, was von einem Verbrennungsmotor angetrieben wird. Nun aber klicken wir auf ein Bild, das uns der Computer vorschlägt, und schauen uns den Start von Raketen an. Ein Thema, das mich als Kind lebhaft interessiert hat, wird nun, da ich es mit Antonin teile, nicht nur reaktiviert, sondern auch erweitert.

Die Art und Weise, wie Antonin sich alles aneignet, nimmt nun eine typische Wende und wird sichtbar. Nachdem er ein paar Videos von abhebenden Raketen gesehen hat, drückt er auf die Taste »Pause« mitten im nächsten Video und sagt, er gehe »es« nun spielen.

Das Spiel! Unsere wichtigste spontane Veranlagung, unser angeborener Lernapparat wird von der modernen Wissenschaft als beispiellos beschrieben. Nicht nur kommen wir alle auf die Welt serienmäßig ausgestattet mit dem besten Lerninstrument, das es gibt – und dafür lieben wir es! Aber ist das nicht auch ein unwiderstehlicher Aufruf zu mehr Vertrauen in das Kind und somit in uns selbst?

Antonin spielt »Raketen« mit seinem ganzen Wesen, wiederholt unermüdlich die gleichen Sequenzen und macht sie sich mit jedem Mal mehr zu eigen. Im Moment braucht er nicht mehr als Lego-Steine, die er aufeinanderstapelt. Sie erlauben ihm, bei jedem Start die Trennung von unzähligen Stufen zu simulieren.

Ein paar Tage später begegnet er auf YouTube einer bekannten Sendung, die der Ariane 5 gewidmet ist; eine wahre Goldmine an Informationen, die er jeden Tag erforscht. Ich bestelle ein Modell der Ariane 5 in Kleinformat via Internet für 18 Euro. Es gefällt ihm sofort, doch ich stelle fest, dass nebst diesem detailgetreuen Modell auch Kugelschreiber und Flaschen ausgezeichnete und faszinierende Raketen abgeben.

Außerdem haben wir eine kostenlose App für das Smartphone gefunden, die den Start einer Ariane simuliert, mit dem ganzen Vokabular, das dazu gehört: »Hier Launch Range Manager, an alle, bereit zum Countdown, Zündung des Vulcain-Triebwerks. Zündung der EAP-Boosters ... und Start. Alle Parameter an Bord sind okay, die Flugbahn ist korrekt … Abtrennung der EAP-Stufe … Abtrennung der kryogenen Oberstufe …« Nach wenigen Minuten kann Antonin die Abfolge des Starts auswendig, bis ins kleinste Detail und mit dem richtigen Tonfall. Es sind keine leeren Worthülsen: Er versteht den Sinn der Kommandos, kennt jede Handlung und ihre Folgen.

Antonin macht sich daran, seine neue Ariane unzählige Male abheben zu lassen. Das wirklichkeitsnahe Modell erlaubt ihm, die Abfolge immer wieder zu erleben. Es wäre unerträglich, wenn die EAP-Boosters oder die anschließende Stufe nicht abgetrennt werden könnten. Es beeindruckt mich, wie wichtig es für den Ernst des Spiels ist, dass das Modell realistisch ist, vor allem wenn ich an die Modelle denke, die wir dank unserer Recherchen aufgespürt haben, im Internet wie im Spielzeugladen.

»Guten Tag, ich hätte gern eine Rakete …«

»Wie alt ist das Kind?«

»Fünf.«

»Ich habe hier etwas für Sie …«

Und dann werden uns unweigerlich die ominös-abscheulichen Modelle in grellen Farben angeboten, deren Proportionen nicht stimmen und die speziell »geeignet« sein sollen für Kinder.

Wir haben Kourou auf der Weltkarte gesucht. Antonin lässt seine Ariane senkrecht zur Karte starten, die an der Wand hängt – ich stelle fest, dass er diesen Zusammenhang instinktiv erkannt hat. Dann hat er Natal in Brasilien und Libreville in Gabun gesucht.

Wenig später machen wir die ersten Schritte auf dem Mond: das Apollo-Programm, Saturn V. Die Faszination, die der Mond für ihn hatte, seit er ganz klein war, wird wieder wach.

Die Weltoffenheit des Kindes ist eine unserer hervorragenden angeborenen Veranlagungen. Das Kind geht auf die anderen zu, mit offenen Armen und offenem Herzen, ohne Vorurteile.

Eine naturgetreue – mit allen abtrennbaren Stufen und Fahrzeugen – Saturn-V-Rakete finden wir nur als Modellbausatz. Antonin begrüßt tanzend die große Schachtel, die ich für 43 Euro im Internet gefunden habe. Die riesengroße Rakete können wir Stück für Stück gemeinsam bauen. Wir verstehen nun, was bisher unklar geblieben ist. Für Antonin ist alles unmittelbar einleuchtend; in mir steigen Erinnerungen auf, die sich schon gesetzt hatten; für Pauline ist es beinahe eine Entdeckung, und sie saugt Einzelheiten auf, die ihr bisher nur am Rande bekannt waren und die ihr wie eine historische Kulisse vorgekommen sind. Ihr Interesse ist geweckt und wird belebt von der Leidenschaft, die Antonin an den Tag legt, und von meiner eigenen, die aus den Tiefen meiner Kindheit hervorbricht.

Der Film »Apollo 13«, den wir aus der Versenkung hervorgeholt haben, beschäftigt plötzlich unsere ganze Familie. Antonin kennt jeden Dialog auswendig, in allen Sprachen, die auf der DVD verfügbar sind. Wir übrigens auch. Und wir erforschen gemeinsam alle Einzelheiten dieses unglaublichen Epos. Nun gesellt sich noch etwas Neues hinzu: ein Bild mit den Himmelskörpern des Sonnensystems – 0,05 Euro via Internet.

Es sind auch neue Freunde bei uns eingezogen: der Astronaut Jack Swigert in erster Linie, den er überallhin zum Spielen mitnimmt, dann aber auch dessen Kollegen Jim Lovell, Fred Haise und Neil Armstrong, die er oft zum Mitspielen einlädt – ähnlich wie ich, damals, meine erfundenen Freunde Craloud und Founaï (beide immer als Erwachsene visualisiert) überall miteinlud.

Die Weltoffenheit des Kindes ist eine weitere unserer hervorragenden angeborenen Veranlagungen. Das Kind geht auf die anderen zu, mit offenen Armen und offenem Herzen, ohne Vorurteile. Das Kind kennt keine Hierarchien der Berufe oder der Fächer. Die Astronauten haben ihren Platz im Leben von Antonin wie andere wichtige Figuren seines Alltags: der Fensterputzer, der Straßenkehrer, der Fahrer des Abschleppwagens oder der Fahrer des Mähdreschers. Für jeden von ihnen empfindet er dieselbe aufrichtige, spontane und ansteckende Bewunderung.

Das verändert ihr Leben. Denn in den Augen des Kindes sehen sie sich gesehen. In den Augen des Kindes sehen sie sich bewundert – beides passiert ihnen selten oder nie. Ich habe dich lieb, sagt ihnen ohne Worte das Kind. Ich habe dich lieb, weil du so bist, wie du bist, und weil du das tust, was du tust. Plötzlich jobben sie nicht mehr; sie üben einen bewundernswerten Beruf aus.

Die Ansteckung wirkt: Ich vertiefe mich wieder in die Details der Geschichte der Raumfahrt. Die Geschichte ist nicht auf meinem damaligen Stand stehen geblieben; nun, mit erheblich erweiterten Kenntnissen, sehe und verstehe ich alles in einem größeren Zusammenhang.

In jedem freien Moment informiere ich mich über Aus- und Aufbau der Apollo-Raumschiffe und des Landungsmoduls, ich lese viel über den Mond, seine Geografie und seine verborgene Seite.

Ich habe meine alten Leidenschaften wiederentdeckt, die Visionen meiner Kindheit und eine gewisse Sehnsucht nach einer längst vergangenen Hoffnung, dies alles, das mir so vertraut ist, eines Tages selbst und wirklich zu erleben, so sehr habe ich mir das Armaturenbrett und die Kommandokapsel des Apollo-Raumschiffs zu eigen gemacht …
Ich entdecke eine Website zum Thema Reise auf den Mond, die sich als unerschöpfliche Quelle entpuppt. Anerkennung zolle ich nicht nur dem Internet, sondern auch denjenigen, die sich die Mühe machen, alles zu übersetzen, sämtliche verfügbaren Informationen zusammenzustellen und ein Inhaltsverzeichnis anzulegen, von den Konstruktionsplänen über die Videos bis hin zum Bildarchiv. Ich entwickle mich zu einer wandelnden Enzyklopädie in Bezug auf die Architektur und Konstruktion des Apollo-Raumschiffs, insbesondere der Kommandokapsel. Alles, was irgendwie von der Form her konisch ist, zieht mich unwiderstehlich an. Eine analoge visuelle Prägung sehe ich auch in den Augen meines Sohnes, ähnlich wie sein Gehör von Figaros Hochzeit bewohnt ist.

Das Kind weiß noch instinktiv, dass Verschiedenartigkeit der wichtigste Faktor für die gegenseitige Bereicherung ist, es sucht diese Unterschiede und schafft auf Anhieb eine Verbindung von Herz zu Herz.

In der großartigen Einrichtung einer Kommandokapsel, in dieser Ergonomie einer idealen Konstruktion, steckt die ganze faszinierende menschliche Größe – die ich auch in der Unendlichkeit »meiner« Komponisten, in der Architektur einer Symphonie von Dvořák oder in einem Quartett von Beethoven wiederfinde. Oder in der Perfektion von Entwurf und Bau der Instrumente, die von den großen Instrumentenbauern geschaffen werden. Jedes Teilchen hat seine Daseinsberechtigung und ist unabdingbar.

Unsere Epoche erlebt den Triumph der Elektronik und der Software-Technologien; dabei wird mir bewusst, dass die Sechziger- und Siebzigerjahre des letzten Jahrhunderts das goldene Zeitalter der Hardware, der Technik und der Mechanik waren, der Beherrschung der Materialien und einer unerreichten Kunst der Verarbeitung – so wie die vorangegangenen Jahrhunderte Höhepunkte des Handwerks waren.

Inzwischen zeichnet Antonin jede Menge Raketen, Planeten und Kosmonauten. Er spielt stundenlang damit, eine Apollo-Mission nachzustellen, Schritt für Schritt. Er spielt jede Geste, und alles beginnt damit, dass er den Overall anzieht, den Helm, die Handschuhe und die Uhr; es folgt die komplexe Schließung der Luke ... Und nach der Wasserung endet die Mission mit dem durch das Bullauge sichtbaren erhobenen Daumen des Kommandanten. Antonin stellt seine Kaffeetasse ab, bevor er von allen Stellen das »Go« einholt, und imitiert bis ins kleinste Detail die Szenen aus »Apollo 13«.

Das Kind weiß noch instinktiv, dass Verschiedenartigkeit der wichtigste Faktor für die gegenseitige Bereicherung ist, es sucht diese Unterschiede und schafft auf Anhieb eine Verbindung von Herz zu Herz – weil es weiß: Du und ich, zusammen, sind komplementär und bereichern, jeder auf seine Weise, die Interessengemeinschaft. Miteinander erreichen wir Dinge, die wir allein nicht geschafft hätten. Das Kind staunt nicht, wenn es erfährt, dass ohne die Expertise der Surfer Teile von Saturn V nicht hätten eingewachst werden können. Ohne sie hätte die Mission nicht stattgefunden. Die Begeisterung des Kindes für die Menschen und ihre Berufe erweitert den Horizont derjenigen, die ihm begegnen, auf unvergessliche Weise.

Dem Kind und seiner Begeisterung öffnen sich Tür und Tor, als würde das ganze Universum darauf hinwirken, als würde ein jeder dazu beitragen, dass die Träume des Kindes Wirklichkeit werden. (Unsere Aufgabe ist es, über diese Glut entzückt zu sein, und zu verhindern, dass irgendjemand sie löscht.)

Zum Schluss erzähle ich von einer dieser Begegnungen: Eines Tages sagt Antonin, dass er die Menschen, die Raketen bauen, kennenlernen möchte. Mir war klar, dass er eine dieser unsichtbaren Türen aufgestoßen hatte. Nicht lange danach hat jemand, der uns nahesteht, den Kontakt zwischen Antonin und einem Ingenieur hergestellt, der tatsächlich Raketen konstruiert. Ich habe ihm einen Entwurf dieser Geschichte geschickt. Seine Antwort hat mich mit großer Freude erfüllt; einmal mehr finde ich eine Bestätigung für die gegenseitige Bereicherung: »Antonins Begeisterung hat mich wirklich bewegt und mir bei meiner Arbeit neue Energie und neuen Schwung verliehen. Ich wäre glücklich, euch bald zu treffen …«

*

* *

Antonin spielt mit mathematischen Begriffen. Auf dieselbe Weise, wie er mit Gegenständen spielt.

Wir wissen nicht einmal, wo und wann er all diese Informationen gesammelt hat. Niemand hat versucht, ihm solche beizubringen oder ihn speziell darauf aufmerksam zu machen.

Heute, beim Aufwachen, sagt er aus heiterem Himmel und noch halb im Schlaf:

»Es gibt sechsunddreißig Windeln in der Packung. Und es gibt zwei Packungen. Drei und drei sind sechs. Und sechs und sechs sind zwölf, das macht zweiundsiebzig Windeln. Ah ja, es sind ja vier Packungen. Sieben und sieben machen vierzehn, zwei und zwei sind vier, das macht 144 Windeln.«

*

* *

Die Fotografie war in meiner Kindheit sehr wichtig. Ich lernte sie über die Geräte kennen – vordergründig durch die zufällig gefundene Geschichte der Leica –, weil Technik immer schon eine besondere Rolle in meinem Leben spielte.

Etwas später nahm ich an Kursen in einem Fotolabor teil. Guilaine, eine sehr moderne und dynamische junge Frau, betreute diese. Sie war eine ernsthafte Künstlerin und hatte einen ganz persönlichen, fröhlichen und offenen Stil kreiert.

Sie machte großen Eindruck auf mich und nahm mich, den begeisterten Jungen, unter ihre Fittiche. Wir sind bis heute befreundet. Guilaine versuchte nie, mir etwas mit schulischen Methoden beizubringen, sie betrachtete und behandelte mich nie als Kind, wir waren auf Anhieb auf gleicher Augenhöhe.

Ich erinnere mich, dass sie uns in den ersten Stunden zeigte, wie man die drei »Bäder« im Labor vorbereitet. Sie erklärte uns die Wichtigkeit der Temperatur und (anhand praktischer Beispiele) was passiert, wenn jene nicht beachtet wird.

Sie erklärte uns am Beispiel des Unterbrecherbads, dass man die Chemikalien immer doppeltkonzentriert, also »zu stark« vorbereitet, damit man sie vor dem Gebrauch mit Wasser mischen kann. Und sie fragte, nicht im Prüfungston, aber im Fluss ihrer Erzählung: »Und wenn das konzentrierte Stoppbad 18 Grad hat, muss ich es mit der gleichen Menge Wasser mischen ... Aber welche Temperatur muss das Wasser haben, damit mein Bad 20 Grad hat?«

»Zwei Grad«, sagte einer der erwachsenen Schüler.

Ich weiß noch, wie erstaunt ich über diese Antwort war. In meinem Kopf war ein klares Bild erschienen, noch bevor Guilaine uns verdeutlichte, dass das Wasser 22 Grad haben müsse. Umsichtig machte sie begreiflich, warum »zwei Grad« nicht die richtige Antwort war, und ich konnte wahrnehmen, wie sehr der Mann zu kämpfen hatte, um das zu verstehen. Irgendwie fehlte ihm der praktische Bezug, er war beim Addieren wie festgenagelt.

Wie alle anderen Kinder hatte ich den »praktischen Bezug« schon recht früh kombiniert, nur wird dieser bei vielen bald zur Seite geschoben, weil er ihnen zu spielerisch erscheint. Er wird durch »ernsthafte« Formeln ersetzt – doch wenn später nicht die richtige auftaucht, entsteht eine Blockade, begleitet von einem schlechten Gefühl.

Ich war drei oder vier, als ich feststellte, dass der heiße Tee durch die kalte Milch etwas abkühlt. Das Problem war nur, dass die Tasse bald randvoll war und der Tee immer noch zu heiß. Nur wenn weniger Tee in der Tasse war oder die Milch aus dem Kühlschrank kam, wurde das Getränk deutlich kühler. Durch das wiederholte Spiel war mir das Prinzip, die Beziehung zwischen Menge und Temperatur, in ihrer simplen Logik immer klarer geworden.

Canon

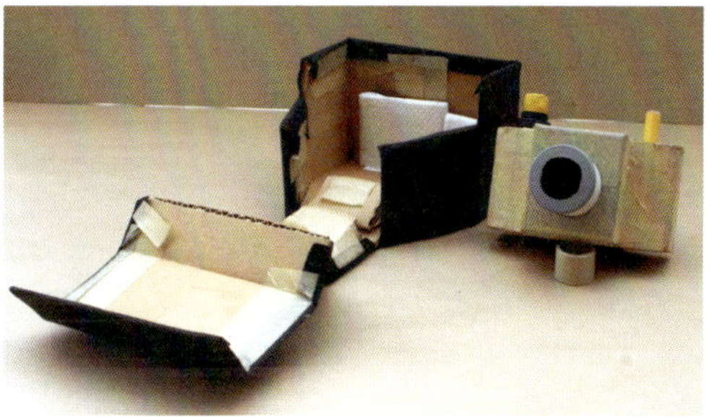

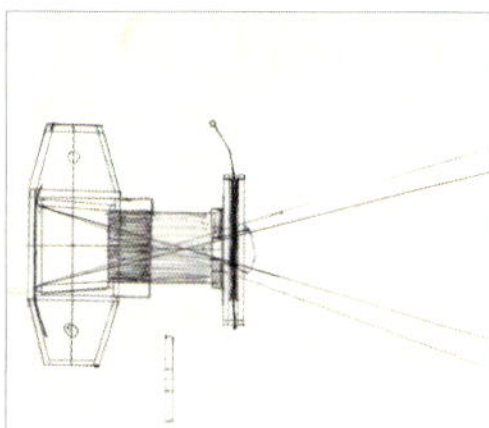

Dem Kind geht es um die genaue Wiedergabe eines gesehenen Objektes. Darin besteht das Spiel. Dabei ist ihm Genauigkeit zentral wichtig, es folgt einem hohen inneren Anspruch und seiner angeborenen Fähigkeit, bestehende Objekte (wie gebrauchte Packungen oder leere Zahnpastatuben) umzuwandeln. Jedes Kind könnte solche Gegenstände herstellen, wenn man es ihm ermöglichen würde.

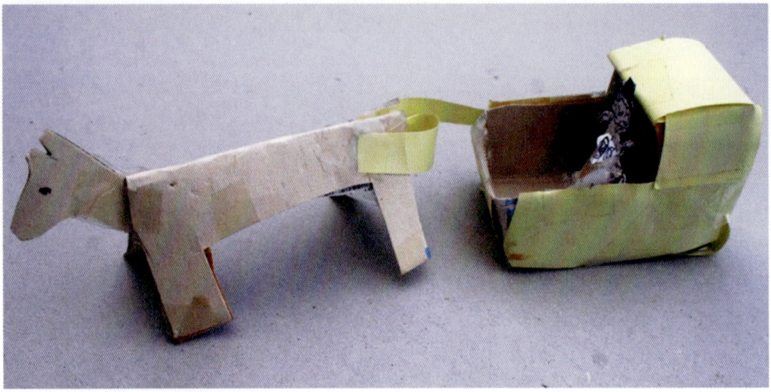

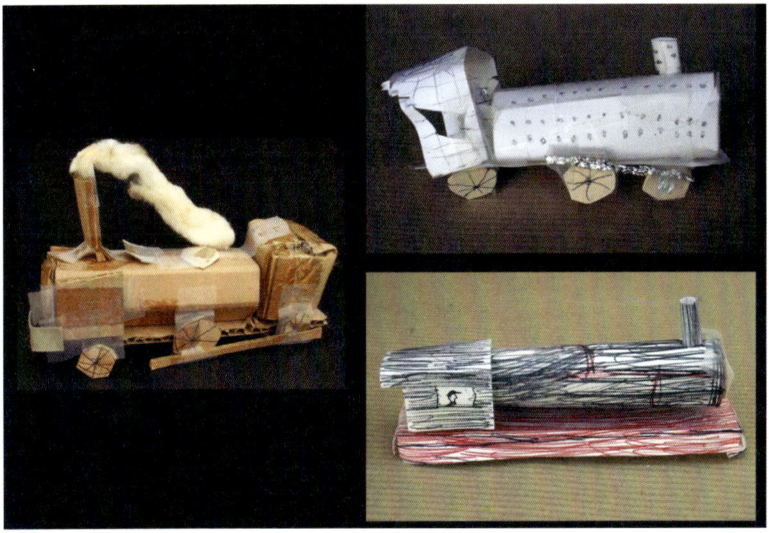

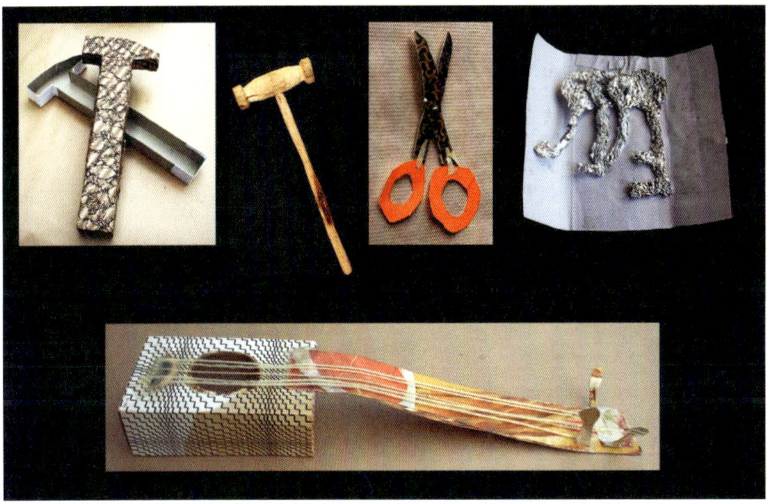

EXKURS: DIE KONDITIONIERUNG

Wenn man mit Menschen redet, die in Aquarien mit Fischen experimentieren, erfährt man so einiges. Zum Beispiel, dass man in einem richtig großen, naturgetreuen Aquarium vier Wände aus Glas bauen kann und Fische in diesem »Aquarium im Aquarium« frei schwimmen lassen und beobachten kann. Zuerst stoßen sie an die durchsichtigen Wände an. Bald aber kennen sie ganz genau die Grenzen ihres Reichs. Und entfernt man nach einiger Zeit die Glaswände, so schwimmen die Fische weiterhin im Viereck – den von ihnen registrierten Grenzen entlang, obwohl es sie nicht mehr gibt.

Elefanten werden in Indien folgendermaßen »programmiert«: Wenn sie noch Babys sind, werden sie mit schweren Eisenketten an starke Bäume gekettet; die Stärke der Eisenketten wird nach und nach reduziert, und schließlich lassen sich die ausgewachsenen, fünf Tonnen schweren Tiere mit einem leichten Seil an dünne Äste anbinden. In ihrem Geist besteht für immer die Programmierung, die Ketten seien unzerreißbar.

In seinem Vortrag »Quantenbewusstsein« erzählt der indische Autor Deepak Chopra von einem Experiment, das Wissenschaftler an der Harvard Medical School durchführten: Sie ließen eine Gruppe junger Kätzchen in einem Raum aufwachsen, in dem es nur horizontale Streifen gab und demzufolge visuelle Reize, die alle horizontal waren. In einem zweiten Raum mit rein vertikalen visuellen Reizen wuchs eine andere Gruppe junger Kätzchen auf. Als die Katzen ausgewachsen und klug waren, zeigte sich, dass die eine Gruppe nur eine horizontale, die andere nur eine vertikale Welt sehen konnte.

Deepak Chopra unterstreicht, dass dies nichts mit einem »Glaubenssystem« zu tun hatte, denn als man ihre Gehirne untersuchte, stellte man fest, das ihnen die interneuronalen Verbindungen für die Wahrnehmung einer vertikalen beziehungsweise horizontalen Welt fehlten! Die ursprünglichen Sinneseindrücke dieser Kätzchen hatten ihr neuronales System derart programmiert, dass schließlich ein Nervensystem entstand, das sogar auf der atomaren Ebene nur noch eine Funktion hatte: die aufgrund der Sinneseindrücke gemachten ursprünglichen Erfahrungen immer wieder zu bestätigen und zu verstärken.

Und Deepak Chopra schließt folgendermaßen ab: »Das obige Phänomen bezeichnen die Psychologen als PCC = Premature Cognitive Commitment, was so viel bedeutet wie: auf frühkindlicher Sinneserfahrung beruhende Festlegung. Frühkindlich oder im Frühstadium, da es in einem entwicklungsbedingten biopsychologischen Stadium geschieht; kognitiv, da es die Sinne programmiert, und Festlegung, da es uns in einer bestimmten Realität fixiert. Wir werden eingesperrt in dieser Realität, wir werden dazu konditioniert, in dieser Realität zu leben.«

Tagesmutter:
»Weißt du denn nicht, wie man ein Kompott isst?«

Vierjähriges Mädchen, im Schatten sitzend:
»Doch doch!«

Tagesmutter:
„Also warum willst du, dass ich dir beim Kompottessen helfe?«

Mädchen, sehr leise:
»Ich habe Angst, mich zu verschmieren, und hier schauen so viele Leute zu ...«

Tagesmutter:
»Ah, Mademoiselle ist eitel!«

Jahrzehnte, fast Jahrhunderte der Konditionierung bestimmen heute noch unseren allgemeinen Misstrauensantrag an die Kindheit. Unsere Gesellschaft nimmt Kinder nicht ernst, gleichwohl ob dabei die feinsten Gefühle des Menschen zertreten werden.

Überbleibsel der weltweit sehr verbreiteten nazistischen Erziehungsprinzipien sind immer noch tief in unseren Memen (unsere moralischen Gene, siehe Vera Birkenbihl, »Viren des Geistes«) verankert. Denn die darauffolgende Abreaktion, in Form der Antierziehung oder der »Laissez-faire-Methode« der Siebzigerjahre, ist sonst nichts als ein Teil – wenn auch ein Gegenteil – dieser Verankerung. Beide Positionen sind grundlegend falsch, und zwar weil beide immer von den Ideen, Erfahrungen, Verletzungen, Konzepten und Methoden der Erwachsenen ausgehen und niemals vom Kind und seinen Veranlagungen! Beide manipulieren das Kind.

Sobald wir aber diese Prinzipien ablegen und auf die Seite des Spiegels treten, wo die Haltung des Vertrauens gängig ist, und von dort aus das Kind beobachten, sehen wir sofort die vier in diesem Buch eingeladenen großen Synonyme der Kindheit:
Spielen, Fühlen, Lernen, Leben

Sie existieren einfach. Nur Erwachsen müssen sie trainieren – Kinder nicht. Sie sind uns angeboren. So wie die vier Hauptzustände der Kindheit: Vertrauen, Begeisterung, Offenheit und Aufmerksamkeit.

Unsere Gesellschaft nimmt Kinder nicht ernst, gleichwohl ob dabei die feinsten Gefühle des Menschen zertreten werden.

Katharina Saalfrank
Emotionale Entwicklung und die Bedeutung von Bindung und Beziehung

Bindung ist in der Entwicklungspsychologie die besondere Beziehung eines Kindes zu seinen Eltern oder Personen, die es beständig betreuen. Sie liegt in den Emotionen verankert und verbindet das Individuum mit diesen besonderen Bindungspersonen über Raum und Zeit hinweg. Darüber hinaus wird als Bindung auch die intensive Beziehung erwachsener Menschen bezeichnet. Die individualisierte Bindung heißt Liebe.

Alle Gefühle – auch vermeintlich negative – haben eine große Bedeutung für uns. Sie wirken sich auf das gesamte Leben aus und sind der Motor unseres Denkens und Handelns. Die emotionale Entwicklung ist eng an die kognitive, soziale und sprachliche Entwicklung des Kindes gekoppelt. Deshalb ist es auch ganz wesentlich, die emotionale Entwicklung von Geburt an zu berücksichtigen und das Kind in allen Entwicklungsschritten achtsam zu unterstützen.

Was sie dann lernen können, ist, die ganze Bandbreite möglicher Gefühle wahrzunehmen, zu benennen und später dann auch darüber zu sprechen, was in ihnen vorgeht und welche Bedürfnisse unter den Emotionen liegen. Das sind wichtige emotionale Erfahrungen, die Voraussetzung für das Wohlbefinden und die psychische Gesundheit sind. Woher kommt es, dass wir heute noch Gefühle beim Aufwachsen von Kindern nicht oder zu wenig berücksichtigen? Eigentlich wissen wir doch um die Bedeutung der emotionalen Ebene. Ich will ein wenig ausholen:

Nach dem Krieg wurden bis 1987 rund 1,2 Millionen Exemplare des Erziehungsratgebers von Johanna Haarer in Deutschland verkauft, der die Erziehungshaltung über Jahrzehnte geprägt hat: »Die deutsche Mutter und ihr erstes Kind«. Ein Erziehungsratgeber, der in den dreißiger Jahren verfasst wurde. Die Haarer'sche Prämisse: Wenig emotionale Nähe – sonst zieht man sich Tyrannen heran. Das Kind sei also ein Tyrann, den es zu bändigen gelte – und zwar schon als Säugling! So schreibt sie warnend vor dem weinenden Kind: »Dann, liebe Mutter, werde hart! Fange nur ja nicht an, das Kind aus dem Bett herauszunehmen, es zu tragen, zu wiegen, zu fahren oder es auf dem Schoß zu halten, es gar zu stillen. Das Kind begreift unheimlich rasch … – und der kleine, aber unerbittliche Haustyrann ist fertig.« Das bedeutete also: schreien lassen, es nicht auf den Arm nehmen, überhaupt nicht zu viel Aufmerksamkeit und Nähe aufkommen lassen. Was es aber auch bedeutet: In dieser Form, dieser herkömmlichen Form von Erziehung mussten die wesentlichen Bedürfnisse und Gefühle ständig unterdrückt und verdrängt werden. Existenzielle Bedürfnisse, wie z.B. nach Schutz, Nähe, Geborgenheit, Zuwendung und Wärme. Wer kennt diese Diskussionen nicht – oft mit der älteren Generation geführt: »Lasst das Kind ruhig mal weinen«, »es stärkt die Lungen« oder auch: »Die Kinder müssen früh lernen, sich selbst zu regulieren«. Das sind Ammenmärchen und ist schlicht falsch.

Was heute bewiesen ist: Kleine Kinder brauchen Körperkontakt, Wärme, Zuwendung, Geborgenheit und die Sicherheit, dass sie nicht allein sind. Kinder können in diesem Sinne also nicht »verwöhnt« werden. Das geht gar nicht! Verwöhnen kann man nur jemanden, der selbst für sich sorgen kann. Der Säugling kann das aber nicht – weder körperlich noch emotional. Er ist auf seine Eltern und ihre Feinfühligkeit angewiesen und kann sich nur über Schreien ausdrücken. Kinder müssen sich in diesem Alter auch noch nicht selbst beruhigen können – das kommt viel später und nur, wenn sie gute Bindungs- und Beziehungserfahrunge machen – und brauchen jedenfalls fürsorgliche, feinfühlige Eltern, die auf die emotionalen Bedürfnisse reagieren.

Wenn man Kindern emotionale Nähe und Fürsorge versagt, sie allein lässt und sie eine solche Form der Erziehung erleben, hinterlässt das tiefe Spuren. In der Erziehung spielten noch vor gut sechzig Jahren Gefühle kaum eine Rolle. Sie wurden in der Regel unterdrückt und weggedrückt. Bedürfnisse wurden verleugnet und nicht mehr gefühlt! Fatal! Denn heute wissen wir, dass Menschen hierdurch in ihrer emotionalen Entwicklung gehemmt werden und in der Folge Störungen entwickeln können. Vielfältige wissenschaftliche Studien aus der Psychologie und Psychotherapie belegen, dass das Verleugnen und Wegdrücken von Gefühlen den Menschen krank macht. Die Krankheiten und Beeinträchtigungen reichen von Angststörungen über Depressionen bis hin zu Bindungs- und Beziehungsstörungen. Die Erfahrung, ohne Wärme, emotionale Nähe und ohne Berücksichtigung der emotionalen Bedürfnisse, also nach einer Erziehung nach Johanna Haarer aufzuwachsen, bedeutet, dass das Bindungsverhalten nicht beantwortet, sondern einfach ignoriert wird. Das führt u.a. zu kindlicher Trennungsangst, deren Grundstruktur in der Psyche ein Leben lang fortbestehen kann. Das Vermeiden von Nähe und das Vernachlässigen der emotionalen Bedürfnisse ist also schädlich für das Aufwachsen von Kindern und führt zu einer enormen Beeinträchtigung der psychischen und auch physischen Gesundheit.

Kinder brauchen Nähe und sie brauchen ihre Eltern als verlässliche erste Bindungs- und Bezugspersonen – Kinder brauchen Bindung – Bindung heißt Liebe.

Katharina Saalfrank,
geboren 1971, ist Diplom-Pädagogin und Musiktherapeutin. Sie hat u.a. in einer Kinder- und Jugendpsychiatrischen Praxis und in der Familienberatung gearbeitet. Bekannt wurde sie durch die Coaching-Show »Die Super Nanny«, für die sie 2007 den Deutschen Fernsehpreis erhielt. Seit 2009 ist sie in eigener pädagogisch-psychologischer Praxis in Berlin tätig. Sie arbeitet bindungs- und beziehungsorientiert und berät Eltern, Familien und Paare, auch durch Videoberatung per Internet. So ist sie als Familienberaterin aber auch als Supervisorin in Schulen und Kindergärten tätig. Sie lebt mit ihrem Mann und ihren vier Kindern in Berlin.

DIE TRANSFORMATION DER HALTUNG

All die kontrastierten Gefühle, die wir im bisherigen Verlauf dieses Buchs gesammelt haben – von unserer angeborenen Genialität als Kind hin zu unserem autoritären Umgang mit der Kindheit –, zeigen eindeutig, dass die tradierte Haltung dem Kind gegenüber vollkommen obsolet ist. Wir müssen eine neue Haltung entwickeln, basierend auf Vertrauen in das Kind, in die in uns so großzügig angelegten Veranlagungen – also in die Genialität, die in uns auf unsere Begeisterung wartet.

All das mag uns etwas unbequem vorkommen, denn wir stehen nun quasi zwischen allen Fronten und müssen Lösungen finden. Aber vorgefertigte Lösungen gibt es – zum Glück! – nicht. Wenn jemand Ihnen sagt, dass er eine universelle Lösung gefunden habe, die für alle gilt, ergreifen Sie ohne zu zögern die Flucht, vor allem, wenn derjenige sie anpreist und zu verkaufen versucht!

Eine neue Haltung ist per se keine Methode. Sie kostet nichts und kann überall gelebt werden: auf der Straße, in der Schule, zu Hause, im Krankenhaus; sie ist mit keinem Ort und keinen Bedingungen verbunden, und es gibt nichts, das sie verunmöglicht.

Vertrauen in das Kind zu haben, hat nichts mit dem Bildungsstand und dem finanziellen Reichtum von Eltern zu tun oder mit der Zeit, die sie haben oder nicht haben.

Wer sich hinter der Überzeugung verschanzt, dass der Weg des Vertrauens keiner sei, den jeder gehen kann, beraubt sich der Möglichkeit, darüber nachzudenken, und maßt sich gleichzeitig an zu wissen, was »jeder« tun kann oder nicht.

Doch viele wollen noch glauben, dass Eltern, die sich für diese neue Haltung entscheiden, nur solche sein können, die einen privilegierten Status genießen.

Aber das entspricht keiner Realität. Denn das würde bedeuten, dass im Vorfeld der Rahmen stimmte! Als ob sich die Familien zufällig unter gerade den Bedingungen befanden, welche die neue Haltung möglich machten, und sich gedacht hätten: Ah toll, dann machen wir es halt! Dabei ist es das genaue Gegenteil: Weil sich diese Familien für das Neue entschieden haben, haben sie, Tag für Tag, Euro für Euro, die dazu passenden Bedingungen und den dazu stimmenden Rahmen erfunden und entsprechend organisiert.

Das kann jeder, zu jedem Zeitpunkt. Und jede Minute, die wir auf dieser Seite des Spiegels verweilen, ist ein Segen für die Kinder – und kann unsere Welt verändern.

Was bedeutet das für unseren Umgang mit Kindern?

Wir müssen komplett umdenken.

Wie wir es gesehen haben, lebt unsere Gesellschaft leider häufig in Desynchronisation mit dem Kind. Besonders spektakulär – und folgenschwer – scheint mir dies in Bezug auf Vertrauen. Durch die vorgeburtlich erfahrene Verbundenheit hat das Kind angeborenes Vertrauen in uns, wir aber meistens keines in das Kind.

10. WO WIR UMDENKEN MÜSSEN

Im »Guardian« lese ich einen Text der britischen Autorin Jay Griffith, die viele Reisen zu indigenen Völkern unternommen hat. Mit sehr viel Bewunderung schildert sie die »Selbstregulierung« der Kinder, überlebenswichtiges Prinzip aller Nomadenkulturen, zum Beispiel bei einem Seevolk auf dem indonesischen Archipel: »Ich war von der Lebensfreude der Bajau-Kinder ergriffen. Ich verbrachte einen ganzen Nachmittag mit etwa 100 von ihnen, und kein einziges weinte, war wütend, unglücklich oder frustriert. Ich kann mir nicht vorstellen, einen Nachmittag mit 100 europäischen oder amerikanischen Kindern zu verbringen, und dass ich kein einziges von ihnen weinen höre.«

1. AUTONOMIE MUSS MAN NICHT DURCH ABNABELUNG FORDERN!

Was aber Jay Griffith zusätzlich erzählt, ist der Schlüssel. Bis sie laufen können, werden bei all diesen Völkern die Kinder niemals auf den Boden gesetzt. Sie bleiben dicht am Körper ihrer Eltern, Tag und Nacht. Sobald sie aber selbstständig gehen können, sind diese Kinder auch vollkommen autonom.

Was bedeutet das? Dass – entgegen einer in unseren Breitengraden verbreiteten Meinung und Handlungsweise – Autonomie nicht dadurch gefördert wird, indem man zum Beispiel die Kinder im separaten Bett

»sich ausweinen lässt« und sie möglichst früh »aus dem Nest kickt«. Willst du ein Kind, das schnell und aus sich heraus autonom wird: Gib ihm möglichst viel Verbundenheit!

Nicht Abnabelung, sondern Bindung ist Autonomiefaktor Nummer eins.

Der Neurobiologe Gerald Hüther sagt, dies sei leicht zu erklären, denn es beruht auf den beiden Erfahrungen, die wir in utero, im Bauch der Mutter, machen: Bindung und Autonomie. Wir sind neun Monate lang aufs Innigste mit einem anderen Menschen verbunden und erleben aber gleichzeitig, dass wir dadurch täglich unabhängiger werden.

In Wirklichkeit ist also nicht Abnabelung, sondern Bindung Autonomiefaktor Nummer eins.

2. GE- UND VERBOTE SIND KEIN TRAINING FÜR DAS SPÄTERE LEBEN!

Weil das Leben ein Ozean von »Neins«, Verboten und Frustrationen ist, glauben Eltern, sie müssen ihren Kindern möglichst früh beibringen, sich zu fügen – indem sie gezielt die Kinder mit möglichst viel Frustrationssituationen konfrontieren, häufig nur aus Prinzip. Dabei bewirken wir aber das Gegenteil: Das gut funktionierende Frustrationsimmunsystem des Kindes wird überlastet.

Kinder nämlich haben kein Problem mit Frustrationen und Neins, solange sie nicht das Gefühl entwickeln, dass diese in ihrem Alltag überwiegen. Willst du ein Kind, das kein Problem mit Frustration hat, so gib ihm viel Zufriedenheit, damit Frustration eine erträgliche Randerscheinung bleibt.

Es war für mich als Kind kein Problem, abends ins Bett zu gehen, weil ich wusste, ich konnte das unterbrochene Spiel am nächsten Morgen nahtlos fortsetzen – ich musste nirgendwohin und niemand würde die Lego-Farm aufgeräumt haben.

Antonin hat sich in die Autowaschstraße bei uns ums Eck verliebt. Er kann hier eine Stunde stehen bleiben und zuschauen. Neun von zehn Malen war das auch möglich. Aber beim zehnten Mal nicht, denn wir mussten auf den Zug. Das verstand er, und er konnte es annehmen, weil er diese Gewissheit in sich fühlte: Die neun vorhergehenden Male konnte er hierbleiben und die neun nächsten wird das ebenfalls möglich sein.

3. PEERGROUPS SIND NICHT DIE WESENTLICHE ORIENTIERUNG FÜR DAS KIND!

Ich selbst bin den Peergroups entgangen, weil ich schon als kleines Kind keine »Bezugsgruppe« hatte, sondern immer mit vielen unterschiedlichen Menschen aller Altersgruppen, Religionen, Hautfarben und Berufen zusammen war und sie alle in meinen alltäglichen Spielen imitieren konnte.

Ich hatte langes Haar und auch Haarspangen, weil das mir gefiel. Es war niemandem bange um meine »sexuelle Identität«, niemand drängte mich in eine gesellschaftlich anerkannte Rolle: Ich entging dem Gruppendruck vollkommen, dem Jungs üblicherweise ausgesetzt werden. Niemand spottete, niemand bürdete mir eine in der Bande gepflegte Männlichkeit auf. Ich durfte weinen oder die Farbe Rosa tragen, ohne Angst zu haben, dass sich meine Kameraden lustig machen und ich mich schämen oder verstecken muss. Das spiegelte sich in meiner späteren Sexualität wieder. Ich erlebte keine Einführung durch Schulkameraden, kannte keinen Wettbewerb um Porno-Bilder, Potenz und schon eroberte Körperteile, ich musste mich nicht als Macho behaupten.

Kinder wollen keine geschlossene Gesellschaft von Altersgenossen, sie wollen in die weite Welt hinaus: Das ist ihnen angeboren. Wären wir ohne diese Veranlagung überhaupt zur Welt gekommen?

Sie sehen den großen Kessel der sozialen Realität und die darin wimmelnde, schillernde Verschiedenartigkeit, und sie wollen Teil davon sein, darin ihre Spezifizität und ihr Dazugehören finden. Nur diese Verschiedenartigkeit gewährt es ihnen, das Gefühl nicht zu verlieren: Ich bin die richtige Person, am richtigen Ort, zur richtigen Zeit.

4. WIR KOMMEN NICHT UNPERFEKT ZUR WELT – WIR WERDEN ES

Und zwar aus demselben Grund, der uns einmal dazu geführt hat, aufzustehen: Wir schauen uns die anderen an.

Dazu folgende Versuchsanordnung mit sechs und zwölf Monate alten Babys, durchgeführt am Infant Cognition Center der University of British Columbia, Vancouver, unter der Leitung von Kiley Hamlin, die in ihrer Studienzeit an der Yale University gemeinsam mit ihrer Psychologieprofessorin Karen Wynn diese Babytests entwickelte:
Den Kleinkindern wird jeweils ein kurzes Puppentheater vorgeführt: Eine rote, runde Figur versucht den Hang eines stilisierten Hügels zu erklimmen, schafft es jedoch nicht und rollt immer wieder zurück. Bald erscheint von hinten eine gelbe, dreieckige Figur, die nachhilft und anschiebt, bis der rote Kreis den Gipfel des Berges erreicht hat. Sichtlich erfreut hüpft die rote Figur auf und ab.
Vorhang. Neue Szene: Wieder versucht der rote Kreis, den Berg hinaufzukommen, wieder rollt er mehrmals zurück. Bald erscheint von oben ein blaues Quadrat, das den roten Kreis hinunterdrückt und ihn gar nicht hochkommen lässt.

Sechs Monate und zwölf Monate junge Kinder verfolgen gebannt – jeweils einzeln – mehrmals hintereinander diese Vorführung. Im Anschluss werden ihnen auf einem Tablett die Spielfiguren, das gelbe Dreieck (»the good guy«, der Helfer) und das blaue Quadrat (»the bad guy«, der Wegschieber), zur Auswahl präsentiert. 99 Prozent der Sechsmonatigen greifen nach der gelben Figur. Bei den Einjährigen sieht es schon anders aus: 20 Prozent entscheiden sich für die blaue Figur!

Gerald Hüther liefert dazu eine einleuchtende Erklärung: »Kleine Kinder identifizieren sich immer mit dem, was ihnen das Richtigere erscheint – und das nehmen sie auch. Im Alter von sechs Monaten nehmen alle kleinen Babys den kleinen Gelben, den Unterstützer. Das entspricht der Anfangserfahrung, die jedes Baby gemacht hat: Ohne jemanden, der es unterstützt, wäre es ja noch nicht mal sechs Monate alt geworden. Spannend ist eigentlich erst der zweite Teil dieser Untersuchung. Da waren diese Babys nun sechs Monate älter, und auf einmal nehmen 20 Prozent dieser Babys den Blauen, den Wegdrücker. Und da muss man sich schon fragen, wie das kommt, dass plötzlich Kinder die Idee haben, dass es gar nicht so schlecht ist, wenn man sich auf Kosten anderer durchsetzt. Es ist ja nicht angeboren. Am Anfang haben sie sich alle mit diesem Unterstützer identifiziert. Das kann also gar nicht genetisch sein, sondern muss eine Erfahrung sein, die diese Kinder in ihren jeweiligen Familien gemacht haben. Es gab da irgendeinen, der sich sehr erfolgreich auf Kosten der anderen durchgesetzt hat – und die Kinder wären bescheuert, wenn sie sich nicht mit dem identifizieren würden, der erfolgreich durch das Leben kommt! Wenn also Kinder andere wegschieben, wenn Kinder versuchen, sich auf Kosten von anderen durchzusetzen, dann liegt das nicht an dem Gehirn dieser Kinder, auch nicht an ihren Erbanlagen, sondern es liegt an uns, dass wir es ihnen so vorleben. Und wenn sich das ändern soll, dann müssen wir nicht versuchen, die Kinder zu ändern, sondern die Art und Weise, wie wir zusammenleben und miteinander umgehen!«

Wir sehen unsere Vergangenheit in den Kindern, sie aber sehen in uns ihre Zukunft!

Was wollen wir ihnen also heute vorleben? Wir wollen Kinder, die eines Tages glückliche Erwachsene sind. Dazu führt aber nur etwas, das so einfach, so »naiv« ist, dass man es fast nicht auszusprechen vermag: Dann müssen wir ihnen heute vorleben, was glückliche Erwachsene sind.

Wir können niemals vorsichtig genug sein in der Auswahl dessen, was wir vor den Augen unserer Kinder leben! Das bestimmt nämlich ihre Zukunft, denn das Erbe dessen, was wir als Vorbild ihnen vorgelebt haben, übertrifft bei Weitem in Beständigkeit und Grundsätzlichkeit all unsere gut gemeinten pädagogischen Maßnahmen.

Das Schlimmste, was wir ihnen antun können, besteht darin, ihnen zu demonstrieren: »Ich opfere mich für dich auf, damit du eines Tages ein besseres Leben hast.« Dann dürfen wir uns nicht wundern, wenn auch unsere Kinder unglücklich werden. Die Hirnforschung zeigt, wie sich starke Emotionen in das Gehirn einkerben: Wir übernehmen die Muster unserer früheren Bezugspersonen. Das entspricht irgendwie unserem unterbewussten Ideal: so zu sein, wie unsere primären Referenzpersonen sind und/oder waren.

Ein großes Vorbild ist für mich mein Vater. Ich möchte aber nicht er sein! Nein: Er ist so sehr er, dass er mir Lust gibt, so sehr ich zu sein, wie er er ist. So sehen Kinder die Menschen an, die sie inspirieren. Und die Menschen, die sie inspirieren, sind wir!

5. KINDER MÜSSEN NICHT KORRIGIERT WERDEN, WENN SIE »FEHLER« MACHEN

Eltern, Kindergärtner und Lehrer glauben: Das Kind »kann es noch nicht besser« und bedarf unserer Hilfe, sonst macht es keine Fortschritte – oder der Fehler wäre dann nicht mehr zu beheben. Und so korrigieren sie eifrig jeden »Fehler« des Kindes. Dabei greifen sie nur in die intellektuelle Sphäre des Kindes ein und zerstören seine Motivation, etwas auf seine Weise und nach seinem Rhythmus zu erlernen.

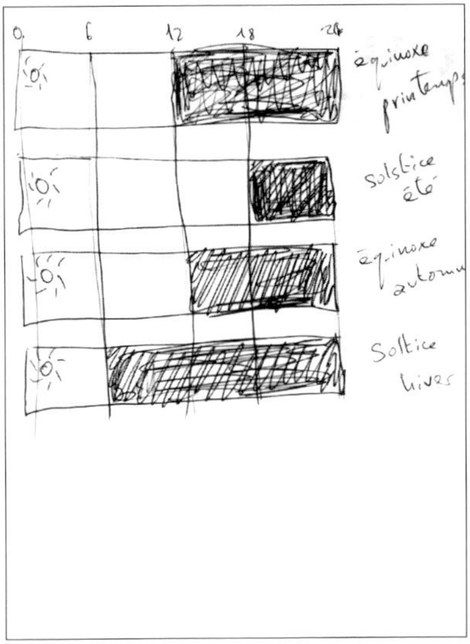 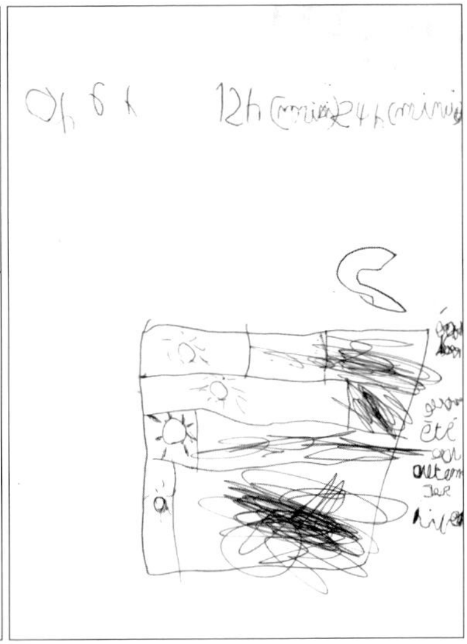

Ein Beispiel: Antonin wollte wissen, was Sonnenwende und Tagundnachtgleiche bedeuten.

Ich machte ihm eine kleine Zeichnung, wie das mein Vater oder mein Großvater für mich taten (links).

Und dann wollte er das spielen.

Und er hat auch eine Zeichnung gemacht (rechts).

So ganz »richtig« ist seine Zeichnung nicht, aber er hat diese Begriffe zunächst einmal in seine Reichweite gebracht. Er hat sie auch mit mehr Details versehen, die er schon kannte und die ihm bei meiner Zeichnung gefehlt hatten (der Mond im Nachtsegment). Und schließlich ist es wie bei einem Puzzle: Wenn man die Teile irgendwann in und auswendig kennt, kann man sie ohne Probleme richtig zusammenstellen.

Machen wir uns also keine Sorgen über die »nicht ganz verstandene Zeichnung«. Lassen wir Platz für das Vertrauen in den Prozess. Er wird nachhaltiger sein und tiefer reichen als Fakten, die das Kind auswendig lernt und wiedergibt, ohne sie zu begreifen.

6. COMPUTER UND VIRTUELLE WELT SIND NICHT PER SE GEFÄHRLICH FÜR KINDER

Wenn manche Kinder in Kontakt kommen mit der virtuellen Welt (virtuelle Spiele, virtuelle Freunde etc.), tauchen sie ein und kämen am liebsten nicht mehr heraus. Die Computerwelt scheint ein schwarzes Loch zu sein, und es wird oft geraten, Kinder davon fernzuhalten.

Erste Bemerkung, fast am Rande: Kinder wollen so sein wie wir. Sie wollen dieselben Uniformen und dasselbe Zubehör wie wir. Computer und Smartphones sind omnipräsent. Wenn wir einem Kind sagen: »Du wirst so etwas erst mit sieben Jahren benutzen dürfen«, so stellt sich das als höchst diskriminierend heraus, denn das Kind empfindet es als Ausgrenzung: »Du gehörst noch nicht zur Gruppe der Menschen, die es dürfen.« Dann will das Kind nur noch eins: den Zustand wechseln, sobald wie möglich nicht mehr so sein, wie es gerade ist ... Nicht mehr sein, sondern werden ...

Aber es existiert noch etwas viel Wichtigeres: Jedes Kind will ein Held sein.

Es gibt zwei Haupthälften im Leben des Kindes. Die eine verbringt es in der Schule, die andere zu Hause. Solange die Paradigmen und die Haltungen so sind, wie sie sind, ist es für das Kind in der Schule unmöglich, ein Held zu sein. Auch gute Schüler sind nicht in allen Fächern gut, oder nicht jedes Mal. Wenn sie heldenhaft sind für ihre Lehrer, sind sie es nicht für alle Kameraden. Schlechte Schüler werden verhöhnt, ausgeschlossen, verpönt ...

Nicht so schlimm, könnte man denken, es gibt ja die andere Hälfte.

Aber solange die Paradigmen und die Haltungen so sind, wie sie sind, ist es für das Kind auch zu Hause unmöglich, ein Held zu sein. Und das fängt früh an! Zum Beispiel mit der klassischen Frage: »Schläft das Kind durch?« Diese Frage führt zu etwas Verhängnisvollem – die Eltern begegnen ihm nicht mehr frei, sondern vermitteln ihm das Gefühl: Ich würde dich mehr lieben, wenn du durchschlafen würdest ... Du musst dich verändern, du musst ein anderer werden ...

Jedes Kind will ein Held sein.

In welcher Welt ist es möglich, schnell ein Held zu werden? In der virtuellen! In der kann man spielen und gleichzeitig Anerkennung ernten. Man wird dort nicht diskriminiert, egal, was man in der Schule leistet. Dann versteht sich leicht, warum das Kind diese auch nicht mehr verlassen möchte.

Das ist eine grundsätzlich neue Beleuchtung! Nicht die virtuelle Welt ist gefährlich, sondern die zwei anderen! Und das eröffnet uns eine neue, sehr ermutigende Baustelle: Wie gestalten wir diese beiden Welten, damit sie genauso attraktiv sind wie die virtuelle?

CODA

Der Blick, der auf uns geworfen wurde, als wir Kinder waren, bestimmt immer noch, mit welchen Augen wir uns heute selbst sehen. Und das ist verhängnisvoll, denn das bestimmt ebenfalls, mit welchen Augen wir unseren eigenen Kindern und dem Kind im Allgemeinen begegnen.

Seit Geschichte geschrieben wird, gab es noch nie eine ganze Generation ohne pädagogische Gewalt. Und pädagogische Gewalt ist überall vorhanden, ohne dass wir es merken. Das, was wir im Moment erleben, ist die Fortschreibung von dem, was wir erlebt haben. Und wenn wir, die wir dieses Bewusstsein haben, nicht anfangen, etwas Neues zu erfinden, dann wird es auch niemand tun.

Weil es keine Vorfahren gibt, die generationsweit keine erzieherische Gewalt, sondern bedingungsloses Vertrauen gelebt haben, wissen wir nicht, wie diese neue Haltung aussehen könnte. Das macht es schwierig, weil wir dadurch nichts haben, worauf wir uns beziehen könnten. Aber das stellt sich auch als enorme Chance heraus, aufgrund unserer Sehnsucht von nun an mit maximaler Freiheit gemeinsam etwas ganz Neues zu erfinden und zu entwickeln.

Das Kind ist sich seiner unbegrenzten Potenziale bewusst, ist noch vollkommen mit der Überzeugung verbunden, alles lernen zu können, alles werden zu können. Und dann macht es die diskrepante Erfahrung, dass die Welt rund herum das anders empfindet: »Kind, du genügst noch nicht. Du bist noch nicht ganz, du bist noch eine Null, du musst dich verändern, warten, bis du größer bist.« Und diese Diskrepanz zwischen seiner Meinung über sich selbst und der Meinung der anderen zerreißt das Kind.

Niemand kann diesen Schmerz lange aushalten, deshalb muss das Kind die Balance wiederherstellen. Es kann die anderen und ihre Meinung nicht verändern; also verändert es das, was es verändern kann: sich selbst. Es muss an der eigenen Meinung über sich selbst herumbasteln, sich erniedrigen, bis es von sich selbst auch denkt: »Ich bin ein

Banause. Ich war noch nie gut in Mathe.« Dann ist das Gleichgewicht wiederhergestellt – und der Schmerz gelindert.

Der Blick, der auf uns geworfen wurde, als wir Kinder waren, bestimmt immer noch, mit welchen Augen wir uns heute selbst sehen.

Deshalb wird es keinen Frieden auf Erden geben, solange wir nicht im Frieden sind mit der Kindheit.

Dieses Buch ist ein Versuch der Versöhnung mit diesem verletzten Kind – mit dem verletzten Kind, das die meisten von uns in sich tragen. Du musst dich nicht verändern, du musst dich nicht abmühen, um mir zu gefallen, ich habe dich lieb, weil du so bist, wie du bist. So wie du bist, bist du perfekt.

DANK

Dieses Buch konnte ich nur aufgrund eigener Erfahrungen schreiben, die ich mit vielen Menschen innerhalb vielfältiger Beziehungen machen durfte und bis heute machen kann. So bedanke ich mich zunächst bei meiner Familie, ganz besonders bei meinen Eltern Michèle und Arno Stern, die Pioniere der neuen Haltung. Ebenso bei meiner Schwester und meinen beiden Cousinen, die für meine Kindheit intensiv prägend waren und bis heute immer wieder wichtige innere Prozesse in mir auslösen.

Danken möchte ich meiner Frau Pauline – der großen Ermöglicherin und sanften Mutmacherin in meinem Leben.

Ich möchte mich bei all den Menschen bedanken, die mir helfen, Zusammenhänge zu verstehen und eigene Erfahrungen machen zu können. Vordergründig unseren Söhnen Antonin und Benjamin, allgemein unseren Kindern, aber auch täglich und so liebevoll Gerald Hüther und Katia Saalfrank.

Danken möchte ich all diesen Menschen, die mein Leben verändert haben: Erwin Wagenhofer und Sabine Kriechbaum, Elisabeth und Friedrich-Karl Sandmann, Giancarlo Ciarapica, Werner und Cecilia Schär.

Danken möchte ich Sir Ken Robinson für seine Unterstützung, Thomas Sattelberger für seine Begleitung, Petra Thorbrietz für ihre umsichtige Weise, dieses Buch zu ermöglichen, Irène Mäder Marsili für ihre Nähe und ihre treuen Übersetzungen, Teresa Meckel für ihren Mut.

Und last but not least: Mein ganz besonderer Dank geht an all meine stetigen Unterstützer, mein kleines geliebtes Team: Silvia, Edith, Izabella, Amadeus und Aleksander.

LITERATUR

André Stern:
»... und ich war nie in der Schule.
Geschichte eines glücklichen Kindes«,
Freiburg, 2013 (München, 2009)

Arno & André Stern:
»Mein Vater, mein Freund. Das Geheimnis glücklicher Söhne«,
München, 2011

Arno Stern:
»Wie man Kinderbilder nicht betrachten soll«,
mit einem Geleitwort von Gerald Hüther, München, 2012

Erwin Wagenhofer (Reg.):
»Alphabet. Angst oder Liebe«,
Prod. Viktoria Salcher, Mathias Forberg,
Österreich, 2013, 113 min. insg.

Erwin Wagenhofer, Sabine Kriechbaum & André Stern:
»Alphabet. Angst oder Liebe«, Salzburg, 2013